LES
COMPLOTS MILITAIRES

sous

LE CONSULAT ET L'EMPIRE

L'auteur et les éditeurs déclarent réserver leurs droits de reproduction et de traduction en France et dans tous les pays étrangers, y compris la Suède et la Norvège.

Ce volume a été déposé au ministère de l'intérieur (section de la librairie) en avril **1894**.

PARIS. TYP. DE E. PLON, NOURRIT ET Cie, RUE GARANCIÈRE, 8.

LES
COMPLOTS MILITAIRES

SOUS

LE CONSULAT ET L'EMPIRE

D'après les documents inédits des Archives

PAR

E. GUILLON

DOCTEUR ÈS LETTRES

PARIS
LIBRAIRIE PLON
E. PLON, NOURRIT et Cie, IMPRIMEURS-ÉDITEURS
RUE GARANCIÈRE, 10

—

1894

Tous droits réservés

PRÉFACE

Malgré son despotisme au dedans et ses victoires au dehors, Napoléon n'a jamais pu faire croire à la solidité et encore moins à la durée de son œuvre.

On peut dire que, pendant quatorze ans, la France a vécu comme au jour le jour, sous le coup du lendemain qui devait apporter l'inévitable catastrophe. Ce sentiment, qui obséda le pays et qui entoura Napoléon de tant de défiances, changées plus tard en abandon, travailla également l'armée. Il éclata dans des complots que je me propose de mettre en lumière avec les Mémoires du temps et surtout avec les documents de nos archives.

Complots de Paris et de Rennes en 1802 ;

complot d'Oporto, dont le capitaine Argenton fut le principal instrument et la victime en 1809 ; intrigues de Fouché et de Bernadotte, en 1809 ; conspiration du général Malet, en 1812 ; complots de Tours et de Toulon, en 1813 ; trahisons de la campagne de 1813 ; abandon de Murat et défection des maréchaux en 1814 ; il semble que ce soit la même conspiration immense et latente qui a couvé dans l'armée pendant le Consulat et l'Empire.

Pourquoi ? Parce que la mort de Napoléon, dans le cours de tant d'aventures, était un accident que tout le monde attendait et que Malet, seul, eut l'audace d'escompter.

Il ne s'agit pas ici de porter atteinte à des actions militaires ou à des renommées dont la gloire nous est précieuse, mais simplement de contribuer par quelques études nouvelles aux recherches que suscite aujourd'hui la période impériale. C'est une histoire qu'on croyait faite ; ce qu'on en publie, depuis quelques années, montre qu'elle est encore à faire.

Les documents dont je me suis servi sont empruntés aux Archives nationales et au Dépôt de la Guerre. Ils sont entièrement inédits. Je renvoie à chacun des chapitres qui vont suivre l'indication des dossiers ou des cartons qui me l'ont fourni, en y joignant celle des ouvrages qu'on peut consulter pour de plus amples détails.

LES
COMPLOTS MILITAIRES

CHAPITRE PREMIER

Paris en 1802

Au moment où le Consulat, sous l'inspiration de Bonaparte, préludait au rétablissement de la monarchie, l'armée était profondément républicaine.

L'enthousiasme démocratique qui avait jeté un million d'hommes contre l'Europe coalisée avait été entretenu sous la Convention par les missions des représentants auprès des armées. Il avait été ranimé par le Directoire, qui avait cherché dans les camps un appui contre la réaction grandissante au sein des Conseils. Il avait notamment éclaté, aux approches du 18 fructidor, dans les adresses patriotiques envoyées au gouvernement par les armées du Nord, d'Allemagne et d'Italie.

Le 18 brumaire, accompli avec le concours de l'armée, n'en avait pas affaibli l'énergie républicaine. Aussi, les premières mesures de Bonaparte, les sympathies prodiguées aux royalistes de préférence aux républicains, le rappel des émigrés, surtout les négociations avec la cour de Rome pour le Concordat, n'obtinrent des troupes que défiance et hostilité.

La paix de Lunéville (9 février 1801), en ramenant à Paris la plupart des chefs d'armée, avec leurs états-majors, suscita des difficultés inattendues.

Descendus des hauteurs du commandement, les généraux supportaient mal cette espèce de déchéance, et, dans l'inaction à laquelle ils étaient réduits, la fortune singulière du « camarade » Bonaparte, en offusquant leurs regards, ne faisait qu'irriter leur jalousie. Il y avait là Augereau, brave et vantard, le sabre du 18 fructidor ; Jourdan, le vainqueur de Wattignies et de Fleurus ; Brune, l'ami de Camille Desmoulins, le libérateur de la Hollande ; Gouvion Saint-Cyr, le spartiate du Rhin, grave et envieux, qui a toujours cru Napoléon jaloux de ses talents ; Lecourbe, le héros de la campagne d'Helvétie ; Macdonald, fier, brusque et frondeur ; Lannes, commandant de la garde consulaire, cœur loyal et tête ardente ; Bernadotte, ancien ambassadeur de la République à Vienne, ancien ministre de la guerre; enfin, et surtout, le plus grand de tous, celui qui après la mort de Hoche et avant l'aurore de Bonaparte avait été la plus haute espérance militaire de la République, le général de l'armée du Nord, le chef de la retraite du Rhin, le vainqueur de Hohenlinden, l'illustre et infortuné Moreau.

L'orgueil de ces chefs s'appuyait sur une clientèle d'officiers groupés autour d'eux, rendus comme eux inactifs, comme eux surpris du changement qui s'opérait dans les mœurs du pays, comme eux inquiets des progrès de la dictature et, plus qu'eux peut-être, par une exagération naturelle, apportant à leurs critiques le sans-gêne des camps et la licence du langage.

Il fallut travailler à désarmer cette hostilité et à l'affaiblir. Avec Moreau, on employa les honneurs, les éloges, les moyens conciliants et généreux; en pure perte, d'ailleurs. Avec les autres, on recourut à des mesures plus efficaces. Grâce à des missions de diverse nature, militaires et diplomatiques, on les dispersa. Bernadotte était déjà à l'armée de l'Ouest ; Saint-Cyr fut envoyé en Espagne, pour commander la division française dirigée contre le Portugal; Lannes, à Lisbonne; Brune, à Constantinople; Macdonald, à Copenhague. Enfin, pour se délivrer de ce qui restait de l'armée du Rhin, on la destina à l'expédition de Saint-Domingue.

La rupture n'en éclata pas moins, à propos du Concordat.

Signé au mois de juillet 1801, le Concordat fut inauguré solennellement le jour de Pâques 1802 (11 avril), par un *Te Deum* chanté à Notre-Dame, devant les pouvoirs publics et les autorités civiles et militaires.

L'armée avait essayé vainement de résister à la convocation de Bonaparte. Il fallut se soumettre. Elle parut au *Te Deum*, mais sa tenue témoigna de ses sentiments. En sortant de Notre-Dame, le Premier Consul dit au général Delmas : « — Eh bien, général, comment avez-vous trouvé la cérémonie ? — C'était une belle capucinade, répondit Delmas : il n'y manquait qu'un million d'hommes qui se sont fait tuer pour détruire ce que vous rétablissez aujourd'hui. »

Toute l'armée pensait comme Delmas, et parlait comme lui. « Les impertinences brutales que plusieurs autres généraux firent entendre aux Tuileries et aux oreilles mêmes de Bonaparte me déplurent sans doute, dit Ségur, mais sans assez me révolter... Je me souviens même que, au retour du cortège, qui passa devant le Palais-Royal, près d'un groupe d'officiers où je me trouvais, nos airs dédaigneux en réponse aux saluts multipliés du Premier Consul ne durent certes pas le satisfaire (1). »

(1) Ségur, *Mémoires*, livre XV, ch. 5.

Bonaparte avait songé à faire bénir les drapeaux des troupes; il ne l'osa pas, parce que les soldats menaçaient hautement de les fouler aux pieds. Il circula une caricature qui représentait le Premier Consul se débattant dans un bénitier et des évêques qui le poussaient au fond de l'eau avec leurs crosses.

« Forts de leurs services et de leurs épées, dit Thibaudeau, un certain nombre de militaires semblaient vouloir arrêter les progrès du pouvoir, lorsque toute la nation lui cédait. » Et il ajoute : « Dans l'armée, Bernadotte et Moreau étaient regardés comme les derniers des Romains. »

Dans cette lutte d'opinion contre Bonaparte, c'était Moreau dont le nom groupait le plus d'espérances, mais c'était Bernadotte qui montrait le plus d'audace à résister et d'aisance à se dérober. Tandis que Moreau se confinait dans un isolement un peu théâtral, qu'il croyait politique, et qui restait sans profit pour lui comme pour son parti, Bernadotte était de toutes les intrigues formées contre Bonaparte. Après avoir conspiré sourdement, il finit par trahir avec éclat. Il n'avait pu empêcher l'avènement de l'Empire, il put se flatter d'avoir contribué à sa chute; mais à quel prix !

On sait les commencements de Bernadotte. Né à Pau, le 26 janvier 1763, engagé volontaire au Royal-marine, à dix-sept ans (1780), il n'était encore que

1.

sous-officier en 1789 (1). Comme tant d'autres, il dut à la Révolution un avancement rapide. Lieutenant au régiment d'Anjou, en 1791, il était colonel, puis général de brigade en 1793, divisionnaire en 1794.

Il servit principalement dans cette héroïque et modeste armée du Rhin, qui eut pour chefs, tour à tour, Jourdan, Desaix, Hoche, M⬛ dans laquelle se rencontrèrent avec lui Kléb⬛rceau, Championnet, Lefebvre, Ney, Gouvio⬛ Cyr, Delmas, Lecourbe, Dessoles, Grenier, Richep⬛e, etc., et qui conservait plus que toute autre la ferveur républicaine.

Chargé, en 1797, avec Delmas, de conduire deux divisions à l'armée d'Italie, Bernadotte, le jour de la bataille, se contenta de dire à ses troupes : « Soldats de l'armée du Rhin, songez que l'armée d'Italie vous regarde. »

Dès sa première entrevue avec Bonaparte (à Milan), il l'avait pris en aversion. Il écrivait à ses amis du Rhin : « Je viens de voir ici un homme de 26 à 27 ans qui veut paraître en avoir 50. Cela ne me présage rien de bon pour la République. » L'impression de Bonaparte ne fut pas meilleure. Il semble que ces

---

(1) Voir : Coupé de S. Donat, *Mémoires pour servir à l'histoire de Charles-Jean XIV*, 2 vol., Paris, 1820. L'auteur, chef d'escadron, avait été aide-de-camp de Bernadotte. — Sarrans, *Histoire de Bernadotte*, 2 vol., Paris, 1845, et les Mémoires du temps.

deux méridionaux, également fins, habiles et ambitieux, se soient pénétrés l'un l'autre, et qu'une hostilité instinctive les ait tout de suite séparés.

Bonaparte, cependant, ne lui ménageait pas les compliments. Il l'envoya à Paris quelques mois après, sous prétexte d'y porter des drapeaux autrichiens, et il écrivait au Directoire : « Vous voyez en lui un des amis les plus solides de la République, etc. » C'était dans le cas où Augereau, qu'il avait prêté pour le 18 fructidor, se serait rendu impossible. Mais quand Bernadotte arriva à Paris, les mesures étaient déjà prises pour le coup d'État, qui réussit aussi bien que le Directoire pouvait le souhaiter. Bernadotte eut le talent de n'y point figurer. *Il ne voulait pas*, disait-il, *mêler un sabre de plus à cette échauffourée, déjà trop militaire.*

Était-ce par probité politique ? Non, simplement par jalousie contre Bonaparte, qui venait de protéger la République pour se réserver de la supprimer à son heure, *quand la poire serait mûre*, comme il avait dit à Miot de Melito, dans ses conversations de Milan.

Après le traité de Campo-Formio, il demanda un commandement *au loin*. On lui offrit le gouvernement des îles Ioniennes. Il préféra le commandement de l'armée d'Italie, où il espérait se mettre en parallèle avec Bonaparte. Mais c'est alors qu'il fut envoyé comme ambassadeur à Vienne, sans l'avoir demandé (11 janvier 1798).

Cette ambassade est un des plus curieux épisodes de sa vie et de notre histoire diplomatique pendant la Révolution (1). Elle fut très courte, et elle échoua complètement. Mais il est permis de croire que Bernadotte en retira quelque expérience qu'il mit à profit lorsqu'il administra la Poméranie, et surtout lorsqu'il devint prince de Suède.

Il arriva à Vienne avec un personnel plus militaire que diplomatique, ses aides-de-camp Vilatte et Maurin, alors adjudants-généraux, plus tard généraux de l'Empire, Gérard, futur maréchal de France, alors simple capitaine, et seulement deux secrétaires d'ambassade, Gaudin et Fréville. Les uns et les autres apportèrent au milieu de la vieille aristocratie viennoise des allures conquérantes et jacobines qui indisposèrent tout le monde et amenèrent la fameuse journée du 13 avril 1798, dans laquelle le drapeau tricolore fut lacéré par le peuple, et l'hôtel de l'ambassadeur envahi et menacé. Bernadotte quitta Vienne, après trois mois d'ambassade.

La guerre, d'ailleurs, recommença peu après. Nommé d'abord chef de l'armée d'observation du Rhin, il fut appelé au ministère de la guerre où il déploya une

---

(1) Cf. Frédéric Masson, *les Diplomates de la Révolution*, 1 vol. 8°, 1882 (Bernadotte à Vienne).

activité qu'on a exagérée, mais qui ne fut pas sans résultats. Il ne resta d'ailleurs pas plus longtemps ministre qu'ambassadeur. Il était mal vu de Siéyès qui le trouvait trop républicain et qui, après la mort de Joubert, auquel il destinait le rôle de Bonaparte, se rejeta sur Bonaparte lui-même. On lui envoya sa démission qu'il n'avait pas offerte (28 fructidor — 14 septembre 1799). Il riposta spirituellement, en écrivant au Directoire : « Je reçois à l'instant votre arrêté d'hier, 28, et la lettre obligeante qui l'accompagne. Vous acceptez la démission que je n'ai pas demandée, etc. »

Survint le 18 brumaire. Tandis que Moreau s'y laissait compromettre, en acceptant d'occuper le Luxembourg et de garder à vue les deux directeurs honnêtes et naïfs qui s'appelaient Gohier et Moulin, Bernadotte eut encore l'habileté d'y rester étranger. Il rejoignit l'état-major de Bonaparte, *mais en habit civil*, et on ne pouvait lui reprocher d'avoir attenté à la représentation nationale.

Lorsque le Consulat fut définitif, Bonaparte le fit entrer dans le Conseil d'État, comme président de la section de la guerre. Quelques semaines après, il lui donna le commandement de l'armée de l'Ouest, dont le quartier général était à Rennes. Mais il était souvent à Paris, et dans le courant de 1802, alors qu'on marchait à l'Empire, il devenait le centre d'une vive opposition qui réunissait, avec quelques sénateurs comme Garat, Grégoire, Lambrecht, Lanjuinais, un grand nombre de généraux.

« Il se formait autour de lui, dit Mme de Staël (qui en avait fait son héros), un parti de généraux et de sénateurs qui voulaient savoir de lui s'il y avait quelque résolution à prendre contre l'usurpation qui s'approchait à grands pas. Il proposa divers plans qui se fondaient tous sur une mesure législative quelconque, regardant tout autre moyen comme contraire à ses principes. Mais pour une telle mesure il fallait une délibération d'au moins quelques membres du Sénat, et pas un d'eux n'osait souscrire à un tel acte (1). »

Est-ce pour cela qu'on songea à autre chose ? Car Savary écrit de son côté, au sujet de cette opposition militaire :

« On ne s'en tint pas aux propos; on avisa aux mesures de résistance. *On se constitua en flagrant délit de conspiration.* Ces réunions insensées, qui devenaient inquiétantes par la folie même de ceux dont elles se composaient, avaient pour chef le général Bernadotte qui commandait à cette époque l'armée de l'Ouest. Quoique allié à la famille Bonaparte, il avait assisté aux réunions *où l'on discutait les*

---

(1) Mme de Staël, *Dix ans d'exil*, ch. 9. (Œuvres inédites publiées par son fils, 1821, t. I.)

moyens de se défaire du Premier Consul. A la vérité, il s'opposait à ce qu'on lui arrachât la vie, mais il conseillait un enlèvement à force ouverte, ce qui eût été suivi du même résultat. *Quant aux autres, tous opinaient pour la mort* (1). »

Les complots n'ont pas manqué contre le Consulat, dans ses deux premières années.

Ils étaient l'œuvre des partis extrêmes évincés par le nouveau gouvernement : débris du jacobinisme, champions exaltés de la royauté. Les uns avaient formé successivement le complot de la Malmaison (Juvenot, ancien aide-de-camp d'Henriot, Rossignol, etc.), et le complot de l'Opéra (Arena, Ceracchi, Demerville, Topino-Lebrun); les autres (Carbon, Saint-Rejant, etc.) avaient eu recours à la *machine infernale* de la rue Saint-Nicaise, en attendant que leur chef, et le plus audacieux de tous, Georges Cadoudal, vînt à Paris se mesurer contre Bonaparte.

Ces tentatives étaient d'un exemple dangereux. On pouvait craindre d'y voir glisser l'armée en 1802. Car elle n'est pas plus faite pour les conspirations que pour les coups d'État. Les mécontents ne par-

---

(1) *Mémoires du duc de Rovigo*, 2ᵉ éd., 1829, t. I., ch. 28. — Cf. Desmaret, *Témoignages historiques* ou *Quinze ans de haute police sous Napoléon*, in-8°, 1833. Desmaret était resté, pendant le Consulat et l'Empire, à la préfecture de police (2ᵉ division). Son livre est plein d'intérêt.

laient que d'abattre le nouveau César, non pas dans le Sénat, comme on avait fait de l'ancien, mais en plein jour, au milieu des soldats, dans une parade du Carrousel, et de fouler son cadavre sous les pieds de son état major tumultueux et rebelle.

Le complot s'en tint à ces violences de langage et aux velléités d'exécution. D'ailleurs, par son caractère purement militaire, et grâce au silence qui l'entoura, il fut ignoré du public, et c'est seulement dans les Mémoires bien informés qu'il faut chercher les noms de ceux qui s'y trouvèrent engagés. C'étaient des généraux qui n'avaient pas la prudence et la subtilité de Bernadotte, comme Delmas, Lecourbe, Monnier, et des officiers entreprenants, comme Fournier et Donnadieu.

Delmas, né à Argentat (Corrèze), en 1768, d'une famille noble, élève de l'ancienne École militaire, officier de l'armée royale, général de la République, avait servi avec distinction dans les armées de Hollande, d'Italie et du Rhin.

. Il ne se contentait pas d'être républicain; il avait osé traduire le sentiment de l'armée dans la phrase toute militaire qu'il avait prononcée au sortir de Notre-Dame, le jour de Pâques de 1802. Sa franchise lui coûta cher. Impliqué dans le complot militaire et menacé d'arrestation, il se réfugia dans une maison de Junot, aux environs de Paris. Les gendarmes de Savary l'y cernèrent. Il leur échappa en passant par-dessus les murs. Junot, alors gouverneur de Paris, jeta les hauts cris, se plaignit d'attentat, de violation de domicile, etc., et ne pardonna point à Savary. Delmas n'en fut pas moins placé sous la surveillance de la police, à Porentruy, et il y resta oublié jusqu'en 1813.

Lecourbe, né à Lons-le-Saulnier, en 1760, fils d'un ancien officier, soldat sous la monarchie, rentré dans sa famille, volontaire de la Révolution, était chef de brigade à Fleurus, et général en 1796. Il venait de s'illustrer sous Masséna, à l'armée d'Helvétie (1799).

Chargé d'arrêter Souvarof au débouché du Saint-Gothard, il avait défendu le terrain pied à pied dans les hautes vallées du Rhin et de la Reuss, et contribué au succès de ces belles opérations rassemblées sous le nom trop modeste de *victoire de Zurich*.

Compromis en 1802, il passa quelque temps à l'étranger. Resté fidèle à Moreau, il fut, après le procès du général, rayé des cadres de l'armée jusqu'en 1814. Pendant les Cent-Jours il accepta un commandement, et c'est en vain que les Bourbons essayèrent de le gagner à leur cause. Chargé de couvrir la frontière du Jura, il battit les Autrichiens près de Belfort, mais il mourut peu après (octobre 1815). On peut justement reprocher à Napoléon d'avoir laissé sans emploi un homme de cette valeur. Lecourbe n'avait pas le caractère d'un maréchal d'Empire, mais il en avait l'étoffe (1).

Le général Monnier avait longtemps servi en Italie et commandait une division à Marengo. Il fut également tenu à l'écart durant tout l'Empire.

Les deux officiers qui jouèrent le principal rôle dans l'affaire de 1802 furent le colonel Fournier et le chef d'escadron Donnadieu.

Fournier, qui obtint plus tard de s'appeler Fournier-Sarlovèze, parce qu'il était originaire de Sarlat (Dordogne), aurait été, avec son ami Lasalle, un de nos meilleurs généraux de cavalerie, s'il avait été plus souvent employé par Napoléon. C'était le type légendaire du *houzard* brillant, spirituel et mauvaise tête.

Engagé à dix-sept ans, il était lieutenant de dragons en 1793, et chef d'escadron, la même année, à vingt ans. A Lyon, où il tenait garnison, il s'était lié avec le tribun Châlier dont les étranges principes l'avaient séduit. Plus tard, au 16e chasseurs, il avait eu pour colonel l'extraordinaire Bertèche, renommé pour l'ardeur de son *civisme*, qui lui parut admirable. Ces opinions exaltées lui avaient attiré force vicissitudes, sans parler des duels, où il était d'une adresse redoutable. Brumaire irrita en lui le jacobin ;

---

(1) Voir E. Bousson de Mairet, *Éloge historique du général comte Lecourbe*, 1 vol. in-8°, 1854.

Marengo le brouilla personnellement avec Bonaparte.

On sait qu'à Marengo la journée était perdue quand l'intervention de Desaix nous rendit l'avantage, décidé par la charge de la division Kellermann. Fournier était alors colonel du 12ᵉ hussards et faisait partie de la brigade Rivaud qui appuya Kellermann. Le 12ᵉ, Fournier en tête, sabra les Autrichiens et acheva la déroute. Mais la part d'honneur qui lui revenait fut confisquée par Bonaparte, au profit de Bessières, qui commandait la cavalerie de la garde consulaire.

Après la paix de Lunéville, Fournier resta quelques mois à Paris. Il fut, naturellement, des plus assidus autour de Moreau et de Bernadotte. Il ne dissimulait pas sa haine contre Bonaparte ; il l'étalait avec jactance. Un jour, dans une réunion d'officiers où l'on agitait les moyens de se défaire du Premier Consul, Fournier, qui était de première force au pistolet (comme Junot et Donnadieu), parla de l'abattre à cinquante pas, au milieu de son état-major. Un autre jour, à l'Opéra, apercevant Bonaparte dans sa loge, il affecta de ne pas le saluer et de lui tourner le dos.

On trouva qu'il allait trop loin, et on décida de l'arrêter. Ce ne fut pas facile. Il luttait de ruse avec la police. On put le saisir pourtant, non sans danger, et l'enfermer dans la prison du Temple, le 7 mai 1802.

Relâché après quelques semaines, il disparut pendant deux ans, qu'il passa sans doute à Sarlat.

Rappelé au service en 1805, et envoyé à la Martinique, comme d'autres l'avaient été à Saint-Domingue, il en revint, mais pour rester sans emploi. Réintégré, grâce à Lasalle, il servit en Allemagne et passa en Espagne. C'est là qu'entre autres aventures il lui arriva celle-ci qui dépeint bien le personnage dans toute sa désinvolture et que j'emprunte aux Souvenirs du commandant Parquin. C'est une querelle de Fournier avec son collègue, le général Poinsot.

Poinsot commandait la place de Toro, tandis que Fournier était à Zamora. Fournier étant allé le voir un jour le trouva couché et malade. Après s'être informé de sa santé, il aperçut, sur la cheminée, deux piles chacune de vingt pièces d'or : c'étaient des onces d'Espagne. Il en prit une qu'il mit sans façon dans sa poche, en disant : « Comme il est probable, mon cher collègue, que ce ne sont pas vos fermiers de France qui vous payent en pareille monnaie, et comme je commande la cavalerie de cette province, il est juste que je partage avec vous. J'ai fait ma part, et je m'en vais. Bonsoir, et meilleure santé ! »

Et comme il avait son cheval et son escorte à la porte, il partit au galop pour Zamora.

Poinsot, rétabli, courut à Zamora, la semaine suivante. « Je ne sais pas, dit Parquin, ce qui se passa entre les deux généraux, mais le soir nous étions à dîner chez le général Fournier, lorsque le général Poinsot entra dans la salle à manger, sans se faire annoncer, et dit à Fournier : « Vous voulez donc me faire assassiner sur la route par les *guerillas*, en donnant l'ordre à l'escorte de votre brigade de ne pas m'accompagner à mon retour à Toro ? »

Comme Fournier prenait la chose en riant, ce qui exaspérait Poinsot encore davantage, Poinsot lui dit : « Général Fournier, je sais qu'à quinze pas vous mouchez une bougie avec une balle de pistolet ; mais, moi, je vous donnerai un coup d'épée à la hauteur du quatrième bouton de votre uniforme ; car c'est là que je mouche les insolents de votre espèce. » Et il sortit, en disant : à demain !

Quand il fut dehors, le général Fournier nous dit : « En voilà un, par exemple, qui est bien mal nommé, car il est sot, *sur tous les points*. » Et il ajouta : « Commandant de Verigny, vous me ferez le plaisir d'aller prendre, ce soir, l'heure du général Poinsot, puisque c'est son nom, et de me servir de témoin demain. »

Le lendemain, le commandant était parvenu à éviter un duel, et il avait également arrangé l'affaire des onces. Fournier donnait, en échange, un vieux cheval de ses écuries qui avait, disait-il, appartenu à Marie-Antoinette (1).

(1) Parquin, *Souvenirs et campagnes d'un vieux soldat de l'Empire*, Paris, 1843, in-8°.
Fournier que nous retrouverons en 1809, en Galice, servit en

Mais revenons aux mécontents de 1802.

« Parmi les sujets assez minces dont se composaient ces réunions, écrit Savary, se trouvait un officier supérieur qui avait été signalé au Premier Consul comme capable de se porter aux derniers attentats. Renvoyé, pour des motifs qui me sont inconnus, du régiment où il servait, sans emploi, sans fortune, il devint naturellement un des boute-feu du mouvement.

« La perte du Premier Consul devait lui rouvrir la carrière; il annonçait hautement l'intention de la consommer. Sa décision était connue. Il fut arrêté et mis au Temple. » (Mémoires.)

Cet officier supérieur, que Savary ne nomme pas, était Donnadieu.

Conspirateur sous le Consulat, frondeur sous l'Empire, membre de l'opposition ultra-royaliste sous la Restauration, pamphlétaire sous Louis-Philippe, Donnadieu à tant d'agitation n'a gagné qu'une célébrité de fâcheux aloi. Très brave, très intelligent, très audacieux, il paraissait fait pour toutes les besognes. Sa faute est de n'avoir excellé que dans les moins honorables. Sa vie présente la série la plus variée

---

Portugal, sous Masséna, puis en Russie, où il couvrit le passage de la Bérésina. Destitué en 1813, il fut replacé par Louis XVIII. nommé inspecteur de la cavalerie en 1816, mais réformé en 1820. Ses duels faisaient trop d'éclat. Il mourut en 1827.

Voir un magnifique portrait de lui au musée du Louvre, et lire une intéressante notice du général Thoumas, *les Grands cavaliers du Premier Empire*, t. II, 1891.

d'incartades, de mises en réforme, de réintégrations, de polémiques et de procès; série qui commence par la détention de 1802 pour complot contre Bonaparte et se termine, en 1837, par une condamnation à deux ans de prison pour outrages au gouvernement de Louis-Philippe. Et sur le tout se détache le sanglant épisode de Grenoble, en 1816 (Conspiration Didier).

Donnadieu, né à Nîmes en 1777, était fils d'un soldat de fortune qui le fit élever dans les camps.

Engagé aux carabiniers en 1791, il était lieutenant de hussards en 1793 et chef d'escadron de dragons en 1800. Il était alors républicain, attaché à Moreau, associé aux projets de Delmas et de Lecourbe et il partageait l'exaltation de Fournier. Il fut, comme lui, enfermé au Temple et destitué (mai 1802).

Au Temple, il proposa de faire des révélations. On chargea Davout, inspecteur général de la cavalerie, de les recueillir, et Davout le fit venir chez lui dans l'appartement qu'il occupait aux Tuileries.

Sur ces entrefaites, le général Oudinot, futur maréchal d'Empire, alors républicain lui aussi, et gagné à la conspiration, accourut chez Davout. Il s'exhala en plaintes contre le Premier Consul qui voulait, disait-il, rétablir l'ancien régime et en faire revivre les plus détestables pratiques. Par exemple, ne venait-il pas de faire étrangler un pauvre chef d'escadron prisonnier au Temple? Davout, sans répondre, ouvre une porte et montre Donnadieu tranquille et souriant devant les charitables appréhensions d'Oudinot (1).

Donnadieu, transféré du Temple à la Force, au mois de septembre 1802, disparut pendant deux ans. En 1804, il obtint de reprendre du service dans l'état-major du camp de Brest, sous Augereau. Nous le reverrons colonel du 47ᵉ de ligne, dans la campagne de Portugal en 1809.

Malgré ces arrestations, il n'y eut pas de procès. Bonaparte ne s'abusait pas sur l'esprit de l'armée, mais il voulait éviter l'éclat.

C'est pour la même raison qu'on fit le silence, pendant l'Empire, sur plusieurs affaires de ce genre. Car si Fournier, Donnadieu et d'autres s'apaisèrent avec les années, d'autres, au contraire, s'obstinèrent dans leur ressentiment contre Napoléon. Sans parler de Malet, qui conspirait déjà sous le Consulat, et que nous retrouverons plus tard, connaît-on l'histoire de Berthois, dont parlent les notes du conventionnel Baudot (2)?

(1) Savary. — Le fait est confirmé par les récents Mémoires du chancelier Pasquier, t. I, ch. 7, 1893.
Savary ajoute qu'en échange de sa liberté il se rendit en Angleterre pour y surveiller les menées des émigrés et les projets de Georges qu'il dénonça au gouvernement. Donnadieu a protesté, mais Savary devait être bien renseigné sur ce chapitre. Ce qui n'a d'ailleurs pas empêché Donnadieu d'être royaliste fougueux sous la Restauration, baron, vicomte et grand-croix de Saint-Louis.

(2) *Notes historiques de Baudot sur la Convention*, etc., 1 vol. 8°, 1893.

Berthois, fils d'un notaire de Vitré, était officier dans l'armée de l'Ouest. Quand Bonaparte se fit proclamer empereur, il en conçut une violente irritation et fut obsédé de l'idée antique *d'abattre le tyran*. On essaya vainement de le calmer et de le retenir. Il partit pour Paris avec le dessein de demander une audience à Bonaparte. Mais à Paris, il s'ouvrit à un compatriote qui le dénonça.

Il fut arrêté, interrogé, et ne dissimula rien. Comme il était brave et instruit, on tenta de le ramener à d'autres sentiments ; on lui demanda une promesse de fidélité au gouvernement, pour seul prix de sa liberté. Rien n'y fit. Il déclara qu'aussitôt libre il recommencerait. On l'enferma alors à Bicêtre, où il mourut.

Comme on demandait à Fouché pourquoi il n'avait pas fait juger et condamner à mort Berthois, il répondit : « Si nous faisions juger et condamner à mort tous ceux qui ont le même dessein et qui l'ont manifesté, nous n'en finirions pas. » Le mot en dit long.

Le complot de Paris, en 1802, doit principalement son intérêt au nom des généraux qui y furent mêlés. Celui de Rennes, la même année, complot dit des *libelles*, présente des détails plus curieux et moins connus, qu'il faut demander, non plus aux souvenirs des contemporains, mais aux documents des archives.

CHAPITRE II

Rennes en 1802

L'Ouest avait remué après le 18 brumaire, et plusieurs chefs y avaient repris les armes.

Le sage Hedouville, lieutenant et successeur de Hoche, laissa la place à Brune, qui prit des mesures énergiques, battit et dispersa les chouans, gagna quelques-uns de leurs chefs et leur fit signer une suspension d'armes.

Bernadotte, après Brune, n'eut qu'à continuer son œuvre. Il surveilla la côte menacée par les Anglais, empêcha un débarquement à Quiberon et employa l'abbé Bernier à la pacification du pays. Elle était assez avancée pour que le gouvernement pût décider la suppression de l'armée de l'Ouest, le 21 mai 1802. Beaucoup de soldats furent renvoyés et les régiments réduits à leurs cadres. Mais c'est en Bretagne que fut rassemblée l'armée destinée à l'expédition de Saint-Domingue, de sorte qu'il resta dans la main de Bernadotte des forces encore importantes, heureuses d'obéir à un ancien général de l'armée du Rhin, dont elles étaient, lieutenant et ami du grand Moreau.

Bernadotte avait pour chef d'état-major le général de brigade Simon, intelligent, mais sans fermeté ; et, dans cet état-major, des officiers réservés à un brillant avenir : les chefs de brigade Gérard et Maison, futurs maréchaux de France; Vilatte et Maurin, futurs généraux de division ; les chefs d'escadron Chalopin, tué à Austerlitz, et Mergey, devenu général de brigade; le capitaine Maurin, frère du général, plus tard général lui-même; et le lieutenant Marbot (Adolphe), frère du général qui nous a laissé de si intéressants Mémoires (1).

Bernadotte possédait, comme Bonaparte, l'art de s'attacher les officiers et de flatter les soldats. Grand, les yeux vifs, le nez busqué avec de petits favoris noirs

---

(1) Les Marbot étaient d'une famille noble du Quercy.

Le père, ancien capitaine de dragons sous Louis XVI, avait repris du service pendant la Révolution. Il était devenu général et commandait une division dans Gênes, sous Masséna, lorsqu'il succomba aux fatigues du siège (1800). Il laissait quatre fils : Adolphe, l'aîné, qui devint maréchal de camp, et mourut en 1844; Marcelin, le général, et deux autres qui moururent tout jeunes.

L'auteur des Mémoires, né en 1782, après avoir fait toutes les campagnes de l'Empire, avait été nommé général la veille de Waterloo. Mais il fut écarté par les Bourbons. Maréchal de camp en 1830, lieutenant-général en 1838, pair de France en 1845, il mourut en 1854. Ses Mémoires, pleins de bonne humeur et d'entrain, ont été publiés en 1891, 3 vol. in-8°, Plon. On peut dire qu'ils ont remis à la mode l'Empire, ses guerres et ses soldats héroïques.

et des cheveux longs, épars sur le collet, il était de belle mine et de façons séduisantes. Il parlait avec facilité et agrément, le tout assaisonné d'un fort accent de Gascogne.

Il lisait beaucoup, pour suppléer aux lacunes de son instruction. Mais ses connaissances étaient plus superficielles que solides. Elles faisaient partie de tous les moyens, grands et petits, plutôt petits, qu'il faisait servir à son ambition. Il en donna, à Rennes, une preuve singulière jusqu'à la puérilité.

Un jour qu'il gourmandait à table l'inapplication de ses officiers qui ne profitaient point de leurs loisirs pour apprendre la géographie : « Je parie, dit-il à Marbot, que vous ne connaissez ni l'histoire, ni la géographie, ni la statistique de l'île de Malte. » Marbot balbutia, en rougissant, que Malte est une île de la Méditerranée située entre la Sicile et l'Afrique; autrefois gouvernée par l'ordre des chevaliers, etc. — Ajoutez, interrompit vivement le général, qu'elle leur fut donnée par Charles-Quint; qu'elle est longue de huit lieues, large de cinq, rocheuse, recouverte de terre importée et garnie de fortifications inexpugnables. — Mais, général... — Oui, je sais bien, elle se rendit aux Français en 1798..., fertile en oranges, citrons, melons, vin, grenades, abricots, miel, coton et mousses colorantes; qu'elle a 88.000 habitants parlant italien, français, grec moderne et arabe ; climat superbe, toujours clair, serein, etc. *Voilà de ces notions élémentaires qu'on doit savoir depuis l'enfance* et qu'un officier est impardonnable d'ignorer. Étudiez, jeunes gens, étudiez ! »

L'état-major resta stupéfait devant cette érudition. Marbot le fut bien davantage quand, pénétrant, quelques heures après, dans la chambre à coucher du général, il y trouva, sur une table de nuit, la description de l'île de Malte, telle que Bernadotte venait de la réciter, et telle qu'elle avait été écrite par un professeur de Rennes, dont le général recevait, en secret, des leçons d'histoire et de géographie.

Tout entière aux nouvelles de Paris qui lui montraient Bonaparte appuyé sur les anciens émigrés et les prêtres qu'elle venait de combattre en Bretagne; réduite, en outre, à la perspective de quitter la France, après tant de services, l'armée dans l'Ouest s'aigrissait chaque jour davantage. Elle était en proie à un mécontentement profond qui coïncidait avec l'opposition des généraux et l'arrestation de quelques-uns. N'étaient-ce pas là des circonstances dont un homme habile pouvait tirer parti ? Bernadotte, toujours entre Rennes et Paris, s'en avisa rapidement et poussa aux aventures, sans s'y mêler, suivant son habitude.

On résolut de provoquer un mouvement militaire qui s'étendrait aux autres garnisons, et que le gouvernement serait impuissant à contenir ou à réprimer. Mais le projet était trop vaste et on y employa de trop faibles moyens.

On rédigea deux placards destinés à soulever les troupes. En voici le texte, jusqu'alors ignoré (1).

Le premier a pour titre :

Appel aux armées françaises par leurs camarades.

Soldats de la patrie,

Est-elle enfin comblée la mesure d'ignominie que l'on déverse sur vous depuis plus de deux ans? Etes-vous assez abreuvés de dégoûts et d'amertume? Jusques à quand souffrirez-vous qu'un *tyran* vous asservisse? Qu'est devenue votre gloire, à quoi ont servi vos triomphes? Était-ce pour rentrer sous le joug de la *royauté* que pendant dix ans de la guerre la plus sanglante vous avez prodigué vos veilles et vos travaux, que vous avez vu périr à vos côtés plus d'un million de vos camarades ?

Soldats, vous n'avez plus de patrie, la République n'existe plus et votre gloire est ternie. Votre nom est sans éclat et sans honneur. Un *tyran* s'est emparé du pouvoir, et ce tyran quel est-il? *Bonaparte!*

Quel était votre but, en combattant pour la République? D'anéantir *toute caste noble ou religieuse,* d'établir *l'égalité la plus parfaite*. Votre but était rempli, mais votre ouvrage ne subsiste plus. Les émigrés sont rentrés de

---

(1) Je l'ai relevé sur les placards mêmes saisis par le gouvernement, et qui sont dans le dossier des Archives nationales, auquel j'emprunte ces documents. — Arch. Nat., F. 7, D. 6315 (Dossier Pinoteau).

Les archives départementales d'Ille-et-Vilaine ne possèdent sur cette affaire que deux ou trois pièces insignifiantes.

toutes parts; des prêtres hypocrites sont salariés par le *tyran*. Les uns et les autres composent son conseil; les uns et les autres occupent les emplois, les dignités...

Soldats, vous n'avez pas un moment à perdre, si vous voulez conserver votre liberté, votre existence et votre honneur.

Et vous, *officiers généraux*, qui vous êtes couverts de lauriers, qu'est devenue votre énergie? Que sont devenus ces élans sublimes de patriotisme qui vous ont fait braver tant de dangers? Êtes-vous aussi tombés dans l'apathie, ou êtes-vous devenus *les amis du tyran* ? Non, nous n'osons le croire. Pourquoi donc souffrez-vous que votre ouvrage soit détruit, que vos enfants soient proscrits et que vos ennemis triomphent? Le repos, les richesses, les rivalités, ont-elles anéanti votre courage? Grands Dieux! Serait-il possible que ceux qui ont fait de si grandes choses pour conquérir la liberté fussent devenus assez lâches pour croupir dans l'esclavage? Est-il besoin pour ranimer vos forces et votre énergie de vous retracer les maux auxquels votre faiblesse vous expose? Déjà plusieurs d'entre vous ont été proscrits, exilés, pour avoir osé élever la voix. Eh bien, le même sort vous menace tôt ou tard. Si l'on vous ménage encore, c'est que l'on vous craint. Mais vos dangers sont les mêmes, vous êtes tous proscrits. Si vous tardez plus longtemps, la honte et l'infamie seront votre partage; vos noms ne rappelleront plus ces époques glorieuses de vos triomphes; on ne les prodiguera plus qu'aux lâches et aux esclaves (1).

---

(1) Cette seconde partie est la plus forte et la plus habile. Il importait de souder, pour ainsi dire, l'irritation de l'armée à l'hostilité des généraux et d'unir dans le même mouvement les soldats et les chefs.

Il est impossible de ne pas voir ici l'inspiration de Bernadotte. D'ailleurs, ce premier libelle est du général Simon.

Le deuxième libelle est long, diffus, d'un ton violent, plus injurieux qu'adroit, beaucoup moins heureux que le premier. Il a pour titre :

Adresse des Armées aux différents corps, et militaires réformés et isolés de la République.

Braves frères d'armes,

Lorsque les puissances coalisées, instiguées (*sic*) par les nobles et les prêtres émigrés de la France vinrent apporter le fléau de la guerre dans notre patrie, l'honneur commanda notre dévouement. Alors nous nous formâmes en phalanges guerrières. Etc... »

Après avoir rappelé les triomphes de nos armées sur la coalition européenne, le libelle continue ainsi :

Ayant obtenu le prix de tant de sacrifices ; étant parvenus enfin à faire conclure cette paix générale, objet de toute notre sollicitude et des vœux de tous les Français, que devions-nous attendre et que pouvions-nous espérer ? Pleins de confiance dans le gouvernement que la maturité de l'expérience et la sagesse des philosophes devaient nous avoir donné, nous comptions sur la sagesse de ce gouvernement que devaient toujours guider la raison et les lumières... Mais, frémissez avec nous, vous qui avez combattu pour la liberté! Nos plus cruels ennemis, ceux qui ont armé toutes les puissances de l'Europe contre nous, viennent, par la duplicité d'un traître, par la perfidie de Bonaparte enfin, de mettre la France à deux doigts de sa perte.

Il vient de faire rentrer les émigrés; il rétablit le clergé. Ils n'ont point encore les rênes du gouvernement; mais ils circonviennent ce Cromwell, le dirigent dans sa marche despotique et chaque jour de son règne est marqué par le renversement des principes et la destruction de l'édifice de la liberté. La République enfin, l'ouvrage de vos soins, de votre courage et de votre constance pendant douze ans n'est plus qu'un mot; bientôt, sans doute, un Bourbon sera sur le trône, ou bien Bonaparte lui-même se fera proclamer Empereur ou Roi.

Y a-t-il rien de plus dérisoire que sa conduite à l'église Notre-Dame, où il se fit accompagner par tous les généraux et toutes les troupes de Paris pour assister à la messe du pape? Intérieurement, il méprise cet homme, et toutes les grimaces dont il l'a ennuyé pendant la représentation de son spectacle mystique; mais il en avait besoin pour affermir sa puissance. L'air faux d'un cagot devait donner du poids à sa conduite aux yeux du vulgaire. Dès lors, il ne vit plus que son ambition. En Egypte, il se fit reconnaître cousin de Mahomet. A Paris, s'il n'est le neveu de Jésus-Christ, il doit être au moins le père de Pie VII. En effet, c'est un pape de sa façon : il est bien juste qu'il contribue à donner du relief à sa gloire.

Après s'être plaint que Bonaparte écarte les républicains et les proscrive; après avoir regretté que les généraux se groupent autour de lui, le libelle poursuit en ces termes :

De quel droit Bonaparte abuse-t-il de la faiblesse qu'ont eue les Français d'oublier sa conduite en vendémiaire et de lui pardonner son usurpation des rênes du gouvernement au 18 brumaire? De quel droit cet embrion (*sic*) bâtardé de la Corse, ce pygmée républicain, veut-il se transformer en Lycurgue ou en Solon pour donner des lois à un pays qui ne peut s'honorer ni de sa sagesse ni de ses vertus?...

Dans ce malheureux état de choses, il n'y a pas de temps

à perdre. Des arrestations partielles ne tarderont pas sans doute à se faire. Déjà plusieurs proscriptions ont eu lieu et quelques individus conduits à l'échafaud. Les militaires républicains ne manqueront sans doute pas d'être en butte à la perfidie et à la scélératesse du déloyal chevalier de Saint-Cloud. Formons donc une fédération militaire; annonçons à nos chefs que nous leur ferons un rempart de notre corps, si on vient à les inquiéter. Que nos généraux se montrent (1); qu'ils fassent respecter leur gloire et celle des armées. Nos baïonnettes sont prêtes à nous venger de l'outrage qu'on nous a fait en les faisant tourner contre nous-mêmes à la fatale journée de Saint-Cloud : qu'ils disent un mot et la République sera sauvée.

Républicains paisibles et honnêtes, en voulant nous immortaliser, c'est vous dire que nous voulons assurer votre bonheur. Emigrés, prêtres ou qui que vous soyez maintenant dans la République, nous ne connaissons plus que des citoyens aimant et respectant les mêmes lois. Troubler la société, ce sera un arrêt de mort pour celui qui en aura la témérité.

Ces placards étaient envoyés de Rennes, sous forme de paquets cachetés, aux généraux, aux conseils d'administration, aux commandants d'armes de chaque division militaire. Non pas directement. Ils étaient adressés dans chaque ville à une personne dont on se croyait sûre et qui devait se charger de la nouvelle expédition. En effet, chaque paquet était muni de ce billet : *Mettre à la poste en différents bureaux. Discrétion et communication.*

Une conspiration où il entre tant de petits papiers

(1) Voilà le plan de tout à l'heure.

est à moitié perdue d'avance. Il arriva ce qu'il fallait attendre. Plusieurs de ces paquets furent saisis à la poste, à Dinan, à Vannes, à Saint-Malo, et l'autorité fut aussitôt mise en éveil.

Il y avait alors à Rennes un préfet dont le nom avait été retentissant au début de la Révolution, mais qui de bonne heure s'était réduit au silence. C'était Mounier, qui, dans cette affaire de 1802, montra autant d'habileté que de mesure (1).

Mounier écrivait, le 11 prairial an X, au ministre de de la police générale (Fouché) :

« Le général Delaborde, chef de la division, m'a dénoncé hier le complot le plus dangereux. Il m'a déclaré qu'un ballot rempli d'infâmes libelles contre le Premier Consul avait été envoyé par la diligence de Rennes au citoyen Gauthier, chef de la 38e demi-brigade, en garnison à Vannes; que celui-ci l'avait

---

(1) *Mounier*, né à Grenoble en 1758, mort à Paris en 1806, avocat, puis juge au Parlement de Grenoble, jurisconsulte éminent, joua un grand rôle aux États provinciaux de Vizille, avec son compatriote Barnave (1788).
Député aux États généraux, il y exerça d'abord la principale influence avec Mirabeau et Siéyès ; quitta l'assemblée en 1790, et vécut en Suisse et en Allemagne.
Rappelé par le 18 brumaire, il avait été nommé, au commencement de 1802, préfet d'Ille-et-Vilaine. Conseiller d'État, en 1804. — Il laissait un fils qui exerça de hautes fonctions sous la Restauration.
— Rennes était le chef-lieu de la 13e division militaire, commandée en 1802 par le général Delaborde, que nous retrouverons plus tard.

donné au général Morand, qui l'avait renvoyé à lui, général Delaborde. Il y avait dans ce ballot des paquets sous enveloppes pour différents officiers de l'armée dans les départements voisins de celui d'Ille-et-Vilaine.

« Le général m'a remis les libelles qui lui sont destinés. Ils sont en forme d'affiches : l'une est intitulée : *Adresse des armées françaises aux différents corps et militaires réformés, épars et isolés de la République;* l'autre : *Appel aux armées françaises par leurs camarades.* Il m'a remis de plus différents paquets sous enveloppes pour le ministre de la guerre et plusieurs généraux soit à Paris, soit en d'autres lieux. »

Mounier informe le ministre des perquisitions qu'il a faites pour découvrir auteurs et imprimeurs, et annonce qu'il a pris les mesures les plus urgentes, etc.

« Ces libelles, dit-il, en terminant, sont dans le sens le plus ultra-révolutionnaire, et parmi les reproches qu'on y fait au Premier Consul se trouve celui de favoriser les prêtres et les émigrés. On y exhorte les troupes à combattre les tyrans pour rétablir une parfaite égalité. Il n'est pas douteux qu'il n'y ait des manœuvres sans nombre pour égarer les soldats (1). »

(1) Arch. Nat., F. 7. D. 6315.

Dans une nouvelle lettre, du 15 prairial, il écrivait :

« ... J'ai fait surveiller tous ceux que j'ai pu croire ennemis du gouvernement par des motifs quelconques : il n'est résulté de mon examen aucun soupçon contre les prêtres et les émigrés.

« Je sais qu'il est dans ces deux classes beaucoup d'hommes dont on ne peut attendre un attachement sincère à l'ordre de choses actuel ; mais il est juste de vous dire que, dans le moment, malgré la surveillance la plus sévère que je continuerai, ils ne me donnent aucun sujet de plainte.

« Toutes les inductions sont, au contraire, contre les *anarchistes* (*sic*). S'ils ont parlé d'égalité parfaite, c'est qu'ici les partis sont extrêmement exaltés, et qu'il y a des hommes dont les systèmes sont aussi extravagants que ceux de Robespierre, comme il y a des aristocrates du xiie siècle.

« Les anarchistes de Rennes ont malheureusement quelques partisans dans les troupes...

« Le Concordat et le Consulat à vie exaspèrent ici des têtes ardentes. Je soutiendrai de tous mes efforts le gouvernement qui m'a confié des fonctions aussi importantes que difficiles. J'ai déjà surmonté de grands obstacles, et j'espère faire respecter l'autorité que je représente. Etc. » (*Arch. nat., ibid.*)

On rechercha d'abord de quelle presse sortaient les libelles saisis, et après de minutieuses comparaisons entre les caractères de toutes les imprimeries de Rennes, on arrêta l'imprimeur *Chausseblanche* (Michel, 44 ans, place de l'Égalité, aujourd'hui place du Palais).

Le pauvre diable, qui avait femme et enfants, avoua tout. Il déclara que c'était le lieutenant *Bertrand* qui lui avait apporté le texte des libelles; que, d'après Bertrand, on comptait soulever les troupes, forcer le Premier Consul à se démettre du pouvoir, assembler une convention; *que le général Bernadotte était à la tête du complot*, etc. (1).

Grâce à sa déposition, on arrêta aussitôt le général Simon, le lieutenant Bertrand, le capitaine Rapatel.

Le général Simon (Édouard-François, 32 ans), chef d'état-major, était fils du bibliothécaire du Tribunat, et avait reçu une instruction soignée. Il fut reconnu comme l'auteur des libelles. Dirigé d'abord sur l'île d'Oleron, en attendant la déportation à Cayenne, il fut, sur les instances de ses parents, envoyé au Temple, et, de là, placé en surveillance à Vitry-sur-Marne, où il était encore en 1809 (2).

(1) A. N., *Ibid.* Interrogatoire de Chausseblanche (7 messidor). — L'imprimeur fut envoyé à l'île d'Oleron. L'intercession de Mounier et des officiers municipaux de la ville de Rennes obtint sa grâce en 1804, après 19 mois d'emprisonnement. — Cf. J. Destrem, *les Déportations du Consulat et de l'Empire.*

(2) Le dossier de Simon est volumineux. Il contient de nom-

Bertrand, 40 ans, sous-lieutenant au 82ᵉ, ancien vaguemestre à l'armée de l'Ouest, déclara d'abord s'être borné à expédier les paquets; puis, avoua qu'il avait rédigé l'*Adresse aux armées*, tandis que le premier libelle était l'œuvre de Simon. Il fut envoyé au Temple, puis à l'île d'Oleron.

Rapatel (Augustin), capitaine au 16ᵉ dragons, aide-de-camp du général Simon, était en congé à Paris. Il avait reçu un paquet de libelles dans un panier de beurre, par la diligence de Rennes. Il fut destitué, envoyé au Temple, puis en surveillance à Nantes. Replacé plus tard, il passa au service de la Russie, et nous le retrouverons, en 1813, dans l'état-major de l'empereur Alexandre.

On arrêta, en outre, à Versailles, le capitaine Fourcart et le lieutenant Marbot. Fourcart fut arrêté parce que son domestique avait mis aux messageries un ballot de libelles à son adresse. Le cas de Marbot fut plus bizarre encore.

Tandis qu'on travaillait pour lui à Rennes, Bernadotte s'était rendu à Paris. Avec son habileté ordinaire, il avait persuadé à Simon et aux autres qu'il lui était indispensable d'être à Paris pour prendre,

breuses lettres de lui au grand-juge et au Premier Consul. Simon s'amenda d'ailleurs. Il vota pour l'Empire, en 1804. Il fut remis en activité en 1810, et commanda une brigade du corps de Masséna en Portugal. Grièvement blessé à *Busaco*, fait prisonnier par les Anglais, puis délivré, il dut quitter le service et reçut une pension.

avec Moreau, le commandement des troupes et organiser le nouveau gouvernement. Tout en s'assurant les bénéfices de l'affaire, il en esquivait les risques.

Son aide-de-camp Marbot était parti pour le rejoindre, laissant à Rennes sa voiture que Simon, à l'insu de son domestique, bourra de libelles. La voiture, saisie à Versailles et fouillée, Marbot, à sa grande surprise, fut arrêté comme complice. Sa mère courut chez Bernadotte pour le prier d'intervenir. Bernadotte promit, ne fit rien, et partit pour Plombières. Mᵐᵉ Marbot, aidée de Defermon et des généraux Lefebvre et Mortier, amis de son mari, parvint à faire délivrer son fils après un mois de détention. Defermon, outré de la conduite de Bernadotte, ne put se tenir d'en parler au Premier Consul. « Je le reconnais bien là! » s'écria Bonaparte (1).

C'en était fait du complot. Reçut-il un commencement d'exécution? On le croirait à lire Marbot. Il raconte, en effet, que la garnison de Rennes était prête à se soulever sous les ordres du chef de brigade Pinoteau, du 82ᵉ de ligne; qu'elle était rassemblée sur la place d'Armes, et qu'elle allait marcher contre la préfecture, quand un vulgaire incident permit à Mounier, aidé du chef de brigade Godard, du 79ᵉ, de prévenir le mouvement.

---

(1) Marbot, *Mémoires*, t. I, ch. 27.

« A quoi tiennent les destinées des empires! écrit plaisamment Marbot. Le colonel Pinoteau, homme ferme et déterminé, devait donner le signal que son régiment, le 82ᵉ, déjà rangé en bataille sur la place, attendait avec impatience; mais Pinoteau, de concert avec Fourcart, avait employé toute la matinée à préparer des envois de proclamations, et, dans sa préoccupation, il avait oublié de se raser.

« Midi sonne. Le colonel Pinoteau, prêt à se rendre à la parade, s'aperçoit que sa barbe n'est pas faite et se hâte de la couper. Mais pendant qu'il procède à cette opération, le général Wirion, escorté d'un grand nombre d'officiers de gendarmerie, entre précipitamment dans sa chambre, fait saisir son épée, et, lui déclarant qu'il est prisonnier, le fait conduire à la tour, où était déjà le général Simon. »

Marbot ajoute que les officiers des régiments réunis sur la place d'Armes, apprenant l'arrestation de leurs chefs, se portèrent vers la tour Labat; qu'ils la trouvèrent gardée par 4.000 gendarmes et le 79ᵉ de ligne; enfin qu'ils furent ramenés dans le devoir par les exhortations de Mounier, du général Wirion et du colonel Godard.

Tout cela est de pure fantaisie. On n'en trouve pas trace dans les documents du temps, dans la correspondance de Mounier, dans des Mémoires manuscrits de Godard, ni dans les historiens de Rennes, notamment Marteville (1). Si les choses avaient été poussées aussi loin, Pinoteau aurait encouru le conseil de guerre. Or, il n'en fut rien, et sa disgrâce tint à d'autres motifs.

Pinoteau, chef de la 82ᵉ demi-brigade (2), était lié avec Bernadotte. Il allait souvent à Paris et son langage était celui des officiers qui entouraient Bernadotte et Moreau. Après l'affaire des libelles, on décida d'envoyer le 82ᵉ à Brest pour le changer d'air. Plusieurs officiers se plaignirent de ce déplacement et s'en prirent à Pinoteau, ainsi qu'au chef de bataillon Muller, qu'ils accusèrent auprès du général Delaborde « de tenir journellement des propos violents contre le Premier Consul et d'entretenir un mauvais esprit dans le corps (3) ».

Pinoteau répondit à cette dénonciation par un long

---

(1) Marteville, *Histoire de Rennes*, 3 vol. in-18, 1850. — Voir également, Ducrest et Maillet, 1 vol., Rennes, 1845.

(2) Faut-il rappeler que les régiments étaient alors des *demibrigades*, et qu'un décret du 5 janvier 1794 avait donné aux colonels le titre de *chefs de brigade*, en supprimant les lieutenants-colonels et les majors ? C'est un arrêté consulaire du 24 septembre 1803 qui rendit aux demi-brigades le nom de régiments, et à leurs chefs le titre de colonels. C'est alors également que reparurent les majors qui ne s'en tinrent pas sous l'Empire à leurs fonctions ordinaires et qui commandèrent souvent des régiments provisoires.

Dans la garde, les colonels étaient dits *colonels-majors*.

(3) La dénonciation émanait du chef de bataillon Couloumy. Elle est dans le dossier Pinoteau. Arch. Nat., D. 6315. Elle n'eût pas manqué de rappeler le rôle de Pinoteau dans l'échauffourée précédente, s'il avait eu l'importance que lui prête Marbot.

mémoire, dans lequel il signalait, à son tour, le langage de ceux qui l'accusaient, et offrait sa démission au général Delaborde. (Arch. Nat.)

Le 82ᵉ n'en partit pas moins pour Brest, le 10 messidor (28 juin), à quatre heures du matin, sans incident. On trouva seulement sur les murs quelques placards qui avaient été affichés pendant la nuit, et qui portaient : *Vive la République ! Mort à ses ennemis !— Vive le général Moreau ! — Mort au Premier Consul et à ses partisans!* Ils furent arrachés par la police.

Le 82ᵉ fut remplacé par le 30ᵉ de ligne, et le 79ᵉ lui-même partit, quelques semaines après, pour Carcassonne (1).

Ainsi se termina cette affaire, dont les proportions ont été exagérées par Marbot. Elle était si peu sérieuse que l'état de siège, établi depuis des années dans le département d'Ille-et-Vilaine, fut supprimé le 9 messidor (27 juin). Si elle fut promptement apaisée, grâce à la sagacité et à la modération de Mounier, en revanche, elle faisait beaucoup moins d'honneur à Bernadotte.

On a vu comment il avait abandonné ses amis. En

(1) Malgré sa démission, Pinoteau fut envoyé en surveillance à Ruffec, son pays natal. Cette surveillance fut levée en 1804 et Pinoteau remis en activité en 1808. Il devint général de division. C'est lui dont il est question dans une jolie anecdote du colonel de Gonneville, *Souvenirs militaires*, ch. 4.

dépit de ses précautions, sa culpabilité ne faisait pas de doute.

« Le Premier Consul, dit le colonel Gourgaud, avait plus de preuves qu'il n'en fallait pour mettre Bernadotte en jugement. Il eut la bonté de céder aux instances de Joseph et de sa femme; il oublia tout. Bernadotte n'oublia rien. » Joseph était, en effet, le beau-frère de Bernadotte, et, suivant le mot de Thibaudeau, il passait sa vie à négocier des raccommodements. Cette parenté a protégé Bernadotte à plusieurs reprises, en 1802, en 1806, en 1807 (1).

On songea cependant à s'en délivrer en l'envoyant comme gouverneur à la Louisiane, puis comme ambassadeur aux États-Unis. Il allait s'embarquer à La Rochelle, quand des incidents retardèrent son départ; et la fortune le retint en France pour l'opposer jusqu'au bout à Napoléon.

(1) Joseph Bonaparte avait épousé, en 1794, Julie Clary, fille d'un riche négociant de Marseille. La sœur de Julie, Désirée, fut fiancée à Napoléon, qui lui rendit sa parole; elle faillit épouser le général Duphot, qui fut assassiné à Rome, puis Junot; enfin elle épousa Bernadotte. Elle avait dix-sept ans.

Le mariage eut lieu le 30 thermidor an VI (1798), à Sceaux, près Paris.

Mme Bernadotte était une jolie femme et d'un excellent caractère, qui ne tira point vanité des honneurs auxquels fut appelé son mari. Celui-ci, devenu Charles-Jean XIV de Suède en 1818, mourut en 1844. Sa femme lui survécut jusqu'en 1860. Cf. *La femme de Bernadotte*, par L.-C., Paris, in-18, 1893, et un chapitre du récent et curieux livre de F. Masson : *Napoléon et les femmes*, t. 1, 1893, in-8°.

On aurait bien voulu impliquer Moreau dans le complot de Rennes. On chercha un joint. On crut le trouver. Le capitaine Rapatel était des familiers de Moreau. La police demanda au général des explications sur cette liaison et sur le paquet de libelles qui lui était peut-être destiné. Moreau le prit de très haut, refusa de répondre et affecta de plaisanter cette *conspiration du pot-à-beurre :* de quoi s'égaya fort tout l'entourage.

Bonaparte entra dans une violente colère. D'après Desmaret, il aurait dit à Fouché : « Il faut que cela finisse. Il n'est pas juste que la France souffre, tiraillée entre deux hommes. Moi dans ma position et lui dans la sienne, je serais son premier aide-de-camp. S'il se croit en état de gouverner... Pauvre France !... Eh bien, soit, demain, à quatre heures du matin, qu'il se trouve au bois de Boulogne ! Son sabre et le mien en décideront ; je l'attendrai ! »

Imagine-t-on un duel entre ces deux hommes? Il n'eut pas lieu, comme bien on pense. Celui-là eût fait du bruit dans l'histoire.

« Il était près de minuit quand le ministre revint des Tuileries, avec une si étrange commission J'étais présent. Moreau fut appelé sur-le-champ. En l'absence du secrétaire intime, M. Devilliers, qui était à Lyon pour se marier, c'est M. Lombard-Taradeau, secrétaire-général, qui, sur mon refus, fut envoyé et le ra-

3.

mena avec lui. Le secret a été strictement gardé entre nous trois, mais il a dû être connu des alentours de Moreau. On juge assez que la prudence conciliatrice du ministre dut s'interposer avec succès. Par accommodement, le général consentit à se rendre le lendemain aux Tuileries où il ne paraissait pas depuis quelque temps. Napoléon, prévenu dès la nuit même, l'accueillit parfaitement (1). »

Mais l'hostilité subsista. Deux ans plus tard, les royalistes, pour entraîner l'armée, essayèrent de s'associer Moreau. On sait comment ils employèrent alors Pichegru. On sait aussi comment tourna cette tentative, dont le seul résultat fut d'aider encore à l'élévation du Premier Consul, en le portant à l'Empire (2).

Bonaparte n'en conserva pas moins le souvenir profond des obstacles dressés contre sa fortune naissante par ses compagnons d'armes. Il disait, quelques années après, en 1808 : « A peine assis, j'ai vu les prétentions se reformer. Moreau, Bernadotte, Masséna ne me pardonnaient pas mes succès... Ils ont essayé plusieurs fois de partager avec moi... Douze généraux ourdirent un plan pour diviser la France en provinces, en me laissant généreusement Paris et la banlieue ; le traité fut signé à Rueil. Masséna fut nommé

---

(1) Desmaret, *ibid*.
(2) Je n'ai pas à insister sur cet épisode purement politique, et auquel assez d'autres ouvrages ont été consacrés.

pour me l'apporter. Il refusa en disant qu'il ne sortirait des Tuileries que pour être fusillé par ma garde. Celui-là me connaissait bien (1) ».

Il pardonna à Marbot, à Simon, à Pinoteau, comme il dut pardonner à Bernadotte lui-même. Mais il y eut toujours un coin, dans sa mémoire, où il logea les noms de ceux qui avaient été compromis par l'ambition de leurs chefs, ou qui s'obstinaient à leur rester fidèles. Surtout, il entoura d'un implacable ressentiment tout ce qui lui rappelait Moreau. Voilà le secret de ses préventions contre Lecourbe, Macdonald, Delmas, Gouvion Saint-Cyr, Souham, et tant d'autres.

(1) Notes inédites du comte Chaptal, citées par Taine. *Le Régime moderne*, t. I, p. 136.

CHAPITRE III

1809.— Soult en Portugal

Les complots dont on vient de lire le récit avaient été provoqués par l'ambition de Bonaparte.

Ceux que vit éclore l'Empire eurent des causes plus complexes, parmi lesquelles on peut compter d'abord la passion démesurée de Napoléon pour la guerre.

On s'est plu à croire que les goûts belliqueux de Napoléon étaient partagés par l'armée. Par les chefs, oui, qui attendaient de la victoire des fiefs d'Empire, des grades, des dotations. En revanche, l'armée fut ondoyante et diverse, comme toutes les grandes armées de l'histoire, comme celles d'Alexandre et de César; tantôt dévouée jusqu'au fanatisme, tantôt rétive jusqu'à l'indiscipline : tour à tour enthousiaste et défiante, intrépide et rebutée.

Dès la campagne de 1805, on avait vu les soldats pressés d'en finir avec l'Autriche.

La veille d'Austerlitz, Napoléon dînait au bivouac, dans une chaumière. Il avait auprès lui Murat et

Caulaincourt, puis Junot, Mouton, Rapp, Lemarois, Ségur, son médecin Yvan et quelques autres. Contre son habitude, il avait prolongé le repas. On avait parlé littérature; on parla voyages et expéditions lointaines, et l'empereur dit : « Je connais les Français; ils ne se croient bien qu'où ils ne sont pas. Avec eux les longues expéditions ne sont pas faciles. Et, tenez, rassemblez aujourd'hui les voix de l'armée, vous les entendrez toutes invoquer la France. Tels sont les Français... »

Junot ayant objecté les témoignages d'ardeur qu'on voyait éclater dans tous les rangs, le général Mouton (1), de sa forte voix, l'interrompit rudement pour déclarer : « que ces acclamations prouvaient le contraire; qu'il ne fallait pas s'y tromper; que l'armée était fatiguée, qu'elle en avait assez; que si on voulait l'entraîner plus loin, elle obéirait, mais à contre-cœur; qu'enfin elle ne montrait tant d'ardeur la veille de la bataille que dans l'espoir d'en finir le lendemain et de s'en retourner chez elle. »

Tout en donnant raison à Napoléon, cette franchise lui plaisait peu, sans doute, car il rompit l'entretien et se leva aussitôt. « En attendant, dit-il, allons nous battre (2). »

(1) « Ce soldat intrépide, que tous les hommes de ma génération ont connu, avec une taille de colosse et une figure de dogue, avait l'esprit le plus observateur et le plus fin. » (Thiers.)
(2) *Mémoires de Ségur*, t. II.

C'est dans la guerre d'Espagne qu'éclatèrent les premières marques d'indiscipline.

Pour plusieurs raisons. D'abord, cette nouvelle guerre, dont l'injustice était flagrante, avait débuté fort mal, par l'échec de Baylen; puis elle était conduite loin de Napoléon, loin des récompenses, sous des chefs qui ne s'accordaient pas, au milieu de difficultés dont on ne voyait pas le terme. Enfin, il faut bien le dire, l'armée d'Espagne était d'éléments très variés.

Des huit corps qui la composaient, le 1er (Victor), le 5e (Mortier) et le 6e (Ney) étaient, à peu près, formés de soldats de la grande armée, vétérans des armées d'Italie et d'Égypte, attachés à leur ancien général; mais les autres étaient tirés de la réserve, des dépôts et surtout des contingents étrangers, suisses, italiens, hollandais, allemands de la Confédération du Rhin, polonais, illyriens, et même croates. Avec cette diversité d'origine peu favorable à la cohésion, la guerre qu'il fallait faire dans un pays de montagnes, la nécessité de vivre de pillage, faute de subsistances régulières, le relâchement de la discipline, ces causes et d'autres encore contribuèrent à altérer le caractère et les traditions de notre armée.

Ce changement apparut dans des incidents tout nouveaux. En voici un, qui ne laisse pas d'étonner; mais il est impossible de n'en pas croire le témoin qui le raconte.

Au mois de décembre 1808, après avoir repris Madrid, l'Empereur se tourna contre les Anglais qui avaient poussé jusqu'à Salamanque pour appuyer les opérations des armées espagnoles. Il traversa, le 22 décembre, les défilés de la Sierra de Guadarrama, par un temps affreux, sous des rafales de neige qui renversaient les hommes et les chevaux.

« Pendant que nous montions si péniblement la Guadarrama, nous nous trouvâmes sur le flanc de la division d'infanterie commandée par le général Lapisse, et à quelques pas de l'Empereur qui marchait à pied comme nous, aucune précaution n'ayant été prise pour le ferrage, et les chevaux tombant à chaque instant. Les soldats de la division Lapisse *manifestaient tout haut les plus sinistres dispositions contre la personne de l'Empereur, s'excitant mutuellement à lui tirer un coup de fusil*, et s'accusant de lâcheté de ne pas le faire. Lui, entendait cela aussi bien que nous, et n'avait pas l'air d'en tenir compte (1). »

Autre incident, quelques semaines après. L'Empereur ayant reçu, à Astorga, des nouvelles de Paris et de l'Autriche, laisse au maréchal Soult le soin de poursuivre les Anglais, et revient sur ses pas.

---

(1) Colonel de Gonneville, *Souvenirs militaires*, ch. 5 (1 vol., 1876). L'auteur servit dans les cuirassiers. — La division Lapisse faisait partie du 1er corps.

A Valladolid, grande revue. C'est la garde elle-même qui murmure et qui réclame. Elle en a assez, elle veut rentrer en France. Napoléon parcourt les rangs, bouscule les soldats, s'emporte avec une violence extraordinaire. « Vous voulez vous en aller ! s'écrie-t-il, vous voulez regagner Paris, retrouver vos habitudes, vos maîtresses (il dit un mot plus grossier); eh bien ! non, je vous garderai ici, je vous retiendrai sous les armes jusqu'à quatre-vingts ans ! » Puis sa colère retombe sur le général Legendre, qui avait été chef d'état-major de Dupont et avait aggravé le désastre de Baylen en faisant revenir la brigade Vedel, pour l'englober dans la capitulation.

« Vous étiez un des colonels de l'armée que j'estimais le plus, et vous vous êtes rendu un des instruments de cette honteuse transaction de Baylen. Comment, vous, ancien soldat de l'armée d'Italie ! Votre main n'a-t-elle pas séché avant de signer une pareille iniquité ! Et pour couronner l'œuvre, vous vous rendez l'organe d'une fourberie pour abuser votre camarade qui était hors d'affaire et le forcer à subir le déshonneur imposé à vos troupes, sans lui dire pourquoi vous veniez le chercher ! » Il y avait là, dit Savary, qui nous raconte la scène, à laquelle il assistait, trente généraux, et plus de trois cents officiers. Tout le monde était surpris et consterné (1).

(1) *Mémoires du duc de Rovigo*, t. IV.

Qu'était-ce qu'une mutinerie des soldats auprès de ce qui allait se passer quelques mois plus tard, en Portugal, pendant l'expédition du maréchal Soult ? Là, c'est un chef de corps qui aspire à la royauté, et pendant qu'il se livre à ses menées ambitieuses, l'armée conspire contre lui, contre Napoléon et entame des intelligences avec les Anglais.

C'est cet épisode, encore peu connu, sur lequel tout le monde a fait le silence, que je voudrais éclaircir à l'aide des documents inédits de nos archives (1).

Comme on vient de le voir, Napoléon avait chargé Soult de poursuivre les Anglais, et de « les jeter à la mer, l'épée dans les reins ». Soult, avec le 2ᵉ corps de l'armée d'Espagne, se lança sur les traces de sir John Moore, qui battait en retraite à travers les montagnes de la Galice, par des ravins à peine praticables, sous la neige et la pluie, au prix d'énormes difficultés. Soult atteignit plusieurs fois l'arrière-garde anglaise ; il livra bataille à l'ennemi sous les murs de La Corogne ; mais il ne put ni l'écraser, ni empêcher son embarquement (16 janvier 1809). Il restait toutefois maître de la province de Galice, et il s'occupait d'y cantonner ses troupes épuisées quand il reçut l'ordre d'envahir le Portugal.

(1) *Dépôt de la guerre*, Mss. Espagne, 1809. Correspondance générale et correspondance de Soult. — *Archives Nationales*. AF IV, Guerre. Correspondance de Joseph. — F. 7, D. 6537. (Procès Argenton.)

C'est le 26 janvier, au Ferrol, que lui parvint la lettre de Berthier qui lui exposait les intentions de l'Empereur sur le Portugal, la route à suivre, les forces dont il disposerait, et le temps qu'il convenait d'employer à l'expédition.

Il devait franchir le Minho à Tuy, s'avancer par Braga sur le Duero, enlever Oporto et, de là, descendre sur Lisbonne. Derrière lui, Ney, avec les divisions Marchand et Maurice Mathieu, occuperait la Galice pour en assurer la soumission. Sur son flanc, Victor, avec les divisions Lapisse, Ruffin et Vilatte, renforcées de la division allemande de Leval, et de dix à douze régiments de cavalerie, s'avancerait du Tage sur le Guadiana et, par Merida, appuierait nos opérations contre Lisbonne.

« C'est du roi (Joseph), disait en terminant Berthier, que vous recevrez désormais des ordres et à qui vous rendrez compte de vos opérations ultérieures. L'Empereur a une confiance illimitée dans vos talents pour la belle expédition dont il vous charge. »

Il fallait partir aussitôt pour être à Oporto dans le courant de février, et à Lisbonne en mars.

Napoléon croyait que Soult disposait d'environ 40.000 hommes, ce qui paraissait suffire à l'entreprise. En réalité, le 2e corps n'en comptait pas plus de 23.500, dont 4.000 de cavalerie.

Il était composé de quatre divisions d'infanterie, les

divisions Merle (1), Mermet (2), Delaborde (3) et Heudelet, dont les deux dernières, qui avaient fait la campagne de Portugal sous Junot, arrivaient des côtes de La Rochelle, où les avait débarquées la flotte anglaise ; de deux divisions de cavalerie, la 4e et la 5e division de dragons, sous les généraux Lahoussaye et Lorge ; et de la division de cavalerie légère, sous Franceschi-Delonne, formée des 1er et 2e hussards, du 8e dragons et des chasseurs hanovriens. Dans la 2e division d'infanterie se trouvait le 47e de ligne, colonel Donnadieu, et dans la 5e division de dragons, le général de brigade Fournier-Sarlovèze. Sept ans après la prison du Temple, le hasard réunissait encore les deux anciens conspirateurs.

Il semblait que Napoléon eût voulu plutôt fournir à Soult un brillant cortège que les moyens sérieux de réussir.

Le maréchal était entouré d'un état-major qui eût servi pour une armée trois fois plus nombreuse, et dans lequel on voyait : le général de brigade Ricard, chef de l'état-major général; le général de division Dulauloy, commandant de l'artillerie : le général de brigade Garbé, du génie; et, à la suite, les généraux de division Loison et Quesnel, retour du Portugal. Avec les commandants de troupes, c'était un total de 10 divisionnaires et 18 brigadiers, plus l'ordonnateur Lenoble et l'inspecteur aux revues Evrard.

En revanche, l'armée possédait trop peu d'artillerie, 53 pièces, qui furent d'ailleurs abandonnées dans la retraite, presque pas de sapeurs du génie, un service d'ambulances dérisoire. En outre, un quart de l'effectif était étranger : légion hanovrienne, légion du midi (italiens) dans la 4e division (Heudelet) ; chasseurs hanovriens, dans la cavalerie légère. Enfin, les soldats étaient mal vêtus, mal chaussés, et le ravitaillement, malgré le zèle de Lenoble, qui nous a laissé un récit de cette campagne, se heurta à d'immenses difficultés (1).

Napoléon, qui s'abusait sur l'effectif de Soult, s'abusait encore davantage sur les forces et les dispositions du pays menacé par ses armes.

Après l'entrée de l'armée anglaise dans la Péninsule, il n'était resté à Lisbonne qu'un corps de 10 à

(1) Lenoble, *Mémoires sur les opérations des Français en Galice, en Portugal et dans la vallée du Tage*, en 1809, 1 vol. 8º, Paris, 1821, avec atlas.
On lira également avec intérêt :
Naylies, *Mémoires sur la guerre d'Espagne*, Paris, 1817. (L'auteur était dans les dragons de la 4e division.) — De Illens, *Souvenirs d'un militaire des armées françaises dites de Portugal*, Paris, 1827. (L'auteur était adjudant-major au 17e léger) (division Delaborde). — *Souvenirs militaires du temps de l'Empire*, par un officier supérieur du 2e corps, Paris, 2 vol., 1841.
Voir encore les ouvrages anglais : *Napier*, qui est classique, *Vane*, *Jones*, etc., et la *Correspondance de Wellington*.
J'ai ajouté à tous ces renseignements les documents officiels puisés à nos archives : *Archives de la Guerre*. Correspondance générale. Armée d'Espagne. — Armée de Portugal. — *Archives Nationales*, AF IV. — Guerre, Correspondance de Joseph, dossiers 1618, 1619, 1620. — F. 7. D. 6537. (Procès Argenton.)

12.000 hommes, sous les ordres de sir John Craddock. Ces troupes auraient été évidemment impuissantes à couvrir le Portugal, mais il s'y joignait l'armée régulière portugaise dont la réorganisation était ignorée de Napoléon.

Cette armée, qui se composait, lors de notre expédition de 1807, de 37 régiments des deux armes, mal équipés et à peine habillés, avait été habilement dissoute par Junot. Il n'en avait conservé que six régiments d'infanterie et trois de cavalerie, dont il forma la *légion lusitanienne*, sous le lieutenant-général marquis d'Alorna, et qu'il dirigea sur Bayonne (1).

Après notre évacuation (convention de Cintra, 30 août 1808), le Portugal était retombé sous l'influence de l'Angleterre. Il ne voyait de salut qu'en elle. Il lui demanda Wellesley, pour réorganiser ses forces et les commander. Le gouvernement britannique, qui n'avait alors qu'une médiocre estime du Portugal comme de l'Espagne, et qui, après la retraite de Galice, considérait la Péninsule comme presque perdue,

---

(1) Cf. Général Thiebault, *Relation de l'expédition du Portugal en 1807 et 1808*, avec cartes, Paris, 1817, in-8°. Thiebault était chef d'état-major de Junot. — Foy, *Hist. des guerres de la Péninsule*, t. III. — *La Guerre de la Péninsule sous son véritable point de vue* (attribué à Funchal, ambassadeur du Portugal à Rome), Bruxelles, in-8°, 1819. Cet ouvrage, sans ordre, renferme des documents pleins d'intérêt. — *Aperçu nouveau sur les campagnes des Français en Portugal, de 1807 à 1811*, contenant des observations sur les écrits de MM. Thiebault, Naylies, Guingret. Anonyme, Paris, in-8°, 1818.

n'envoya d'abord que quelques officiers étrangers. Ceux-ci lui ayant adressé des rapports avantageux sur les dispositions et les qualités militaires des Portugais, il reconnut l'utilité de former une armée nationale, disciplinée et commandée par des officiers de choix. Toutefois, au lieu d'envoyer Wellesley, il fit accepter Beresford par la junte de Lisbonne.

Beresford, nommé généralissime de l'armée portugaise, rappela les soldats licenciés par Junot, les arma, les instruisit, se signala par les plus actifs services; de telle sorte qu'avec le contingent britannique de Craddock, l'armée régulière put s'élever à 55.000 hommes. Derrière elle venaient les milices provinciales organisées depuis longtemps dans le pays; puis, sous le nom d'*ordenanzas*, des troupes territoriales formées de paysans et de tous les hommes valides non incorporés de dix-huit à cinquante ans.

Enfin, on peut dire que les femmes contribuèrent à la défense nationale par leur exaltation et la part qu'elles prirent à la résistance. Car elles excitaient les hommes, combattaient souvent dans leurs rangs, et surtout s'acharnaient contre nos traînards et nos blessés. Elles leur arrachaient les yeux et la langue, et les mutilaient de la façon la plus barbare et la plus ignoble. Dans beaucoup d'endroits, nos troupes furent forcées d'exercer de terribles représailles devant les traitements infligés à de malheureux camarades lais=

sés en arrière ou fait prisonniers. Il y a eu peu de guerres marquées de scènes aussi sauvages que cette courte expédition de 1809.

C'était donc une nation tout entière qui allait se dresser contre nous.

Après quelques jours passés en préparatifs nécessaires, le 2ᵉ corps se mit en mouvement. Soult quitta La Corogne, le 1ᵉʳ février. Le 3, il était à Santiago-de-Compostelle. Franceschi-Delonne, jeune et impétueux général qui nous promettait un second Lasalle, et qui périt misérablement l'année suivante (1), menait la tête de colonne, avec sa cavalerie, sur la route de Pontevedra. Il battit un corps d'insurgés à Redondela, fit occuper Vigo par un de ses détachements, et il arriva à La Guardia, tandis que Lahoussaye, avec ses dragons, atteignait Salvatierra. Le 10 février,

---

(1) *Franceschi-Delonne*, pour le distinguer de deux autres Franceschi qui se trouvaient en même temps dans nos armées, était né à Lyon, en 1767. Il se destinait à la sculpture, et avait eu le prix de Rome.

La révolution l'arracha aux beaux-arts. Enrôlé au 2ᵉ bataillon des volontaires de Paris, il était sous-lieutenant en 1792. Ses états de service étaient des plus brillants. Nous verrons son rôle en Portugal. Pris en 1810, par la bande du *Capucino*, près de Zamora, il fut jeté, par la junte de Séville, dans les prisons de Carthagène, où il mourut du typhus. Il avait épousé la fille du général Mathieu-Dumas.

Sur ce brave officier, voir un touchant article de Sainte-Beuve, *Nouveaux lundis*, t. XI; avec la notice que lui a consacrée son ancien aide-de-camp, le général de division baron de Saint-Joseph ; Paris, in-8°, 1867. — Cf. également général Thoumas, *les Grands cavaliers du Premier Empire*, t. II.

tout le corps d'armée était rassemblé à Tuy, au bord du Minho.

Depuis Melgaço jusqu'à son embouchure, le Minho forme la frontière de l'Espagne et du Portugal. Il est bordé de forteresses qui en surveillent le passage et s'opposent l'une à l'autre : Valença à Tuy, Caminha à La Guardia. Ces places étaient alors peu garnies. La meilleure défense consistait dans le fleuve lui-même qui roulait des eaux profondes et violentes. En outre, les milices et les paysans qui nous attendaient avaient enlevé tous les bateaux de la rive droite.

Le maréchal fit descendre cette rive jusqu'à La Guardia. On y découvrit quelques embarcations ; mais le passage dans cet endroit où le fleuve était très large présentait de sérieux obstacles. Après une tentative infructueuse conduite par le général Thomières, il fallut y renoncer. Pour comble de disgrâce, il survint des pluies torrentielles, et l'armée campa plusieurs jours, jusqu'au 15, dans la boue et sous l'orage. Ce début fut d'un mauvais effet ; les soldats murmurèrent ; ceux des divisions Delaborde et Heudelet, qui revenaient du Portugal, se signalèrent plus que les autres par leurs railleries.

Qu'allait-on faire ? Rétrograder sur Santiago pour y retrouver un peu d'ordre et en ramener un équipage de pont ? Le maréchal avisa autrement et mieux. Il décida de remonter la rive droite jusqu'à Orense.

Ce mouvement nous faisait perdre un temps précieux puisqu'il donnait aux ennemis le loisir de préparer la défense; mais il offrait l'avantage d'atteindre et peut-être de disperser le corps espagnol de La Romana, qui avait échappé aux poursuites de Soult, et il nous ouvrait une autre route du Portugal.

On fit donc un à gauche, en laissant à Tuy un parc d'artillerie de 40 pièces, sous le général La Martinière, avec du matériel, 220 hommes et 360 malades. On marcha sur Orense, entre la rivière à droite et les coteaux à gauche, l'infanterie sur la hauteur, les dragons et le matériel dans la vallée. Ce furent des difficultés nouvelles et des combats de chaque instant. Les défilés étaient remplis d'insurgés; le tocsin sonnait de toutes parts; les villages étaient défendus par des paysans furieux qu'excitaient les curés et les moines. « Croyez-moi, chanoine, disait Napoléon à Escoïquiz, dans les entretiens de Bayonne, les pays où il y a beaucoup de moines sont faciles à subjuguer; j'en ai l'expérience; dans tous les cas, la résistance ne sera pas redoutable. » On ne s'en apercevait guère aux bords du Minho.

Le combat le plus acharné fut celui de Ribadavia, au passage de l'Avia. Quant à La Romana, il esquiva tout engagement.

On arriva à Orense, le 24. L'évêque était parti, mais un prêtre français émigré, l'abbé Regnier, nous rendit d'utiles services (1). Soult remit de l'ordre dans les troupes disloquées par ces luttes de détail et par l'état des chemins. Mais le pays était entièrement ruiné, et il fut impossible à l'intendance de pourvoir à l'insuffisance des vivres et des ambulances.

Ce qu'on venait de voir aurait dû nous détourner de pousser plus avant. D'autant plus que Soult reçut du général Marchand la lettre suivante, apportée par M. de Dressac, aide-de-camp du général Dulauloy.

Santiago, 25 février 1809.

Au nom des intérêts les plus chers de l'Empereur et de la France, je supplie Votre Excellence de renoncer à son expédition de Portugal.

Vous avez derrière vous vingt mille paysans insurgés et en armes. Si vous partez, nous sommes obligés de quitter la Galice. Il n'y a presque pas de doute que votre parc sera pris et vos canons ne pourront se tirer des chemins. Si votre intention est de revenir à Santiago, vous pourrez de suite faire passer deux divisions par les montagnes où elles trouveront à subsister. Si vous tardez, je crains d'être obligé de quitter Santiago.

Les Anglais ont 60 voiles dans la baie de Muroz. C'est

---

(1) Beaucoup de prêtres français émigrés avaient trouvé refuge en Espagne, dans les Asturies, en Galice, et particulièrement à Orense auprès de l'évêque D. Pedro Alcantara de Quevedo, dont leurs correspondances vantent l'hospitalité charitable et l'ingénieux dévouement. Cet évêque mourut cardinal en 1818. — Cf. J. Delbrel, *Études historiques de la Société de Jésus;* septembre, octobre, novembre 1891.

M. le maréchal Ney qui me charge de vous écrire cette lettre (1).

Le général de division Marchand.

Mais les ordres de Napoléon étaient formels. Soult ne pouvait prendre sur lui d'en différer l'exécution.

On descendit d'Orense sur le Portugal par l'intérieur du pays, en traversant Allariz, Ginzo, Monterey, Verin, où on atteignit la frontière. Le chemin qui ouvre le Portugal est formé par la vallée du Tamega, qui prend sa source en Galice, passe à Verin, Chaves, Amarante, et se jette dans le Duero, à dix lieues environ au-dessus d'Oporto. Ce chemin est assez large à Verin, il se resserre près de Chaves. Au delà de Chaves, la rivière coule entre les *sierras* arides de Tras-os-Montes et de Santa-Catalina.

De Verin, le 9 mars, Soult adressa un ordre à l'armée : « Demain, le corps d'armée entrera en Portugal. La conquête de ce royaume, que l'Empereur vous a commandée, sera honorable et facile, etc... » Les événements allaient démentir cette belle confiance.

Le 10, on entra enfin dans le pays ennemi, sur trois colonnes, et on marcha contre la petite ville de Chaves, qui fit mine de résister. Elle fut sommée, attaquée et prise le même jour (12 mars). Les géné-

(1) Arch. de la guerre, *Corresp. générale*. Espagne, avril 1809.

raux portugais Silveira et Freire d'Andrade s'étaient dérobés. On en repartit le 14, en se rapprochant de la mer. La cavalerie de Franceschi marchait toujours en tête avec la division Mermet. Il fallut combattre sur la route contre les paysans, notamment à Lanhozo, et on arriva devant Braga, le 17.

Le général Freire d'Andrade s'y trouvait avec des forces nombreuses. Suivant la tactique qu'il avait adoptée et qui consistait à nous laisser pénétrer dans le pays, il voulait se retirer sur Oporto. Il fut massacré par une populace furieuse, ainsi que le corregidor qui parlait de traiter avec nous. Il fut remplacé par un officier hanovrien, Eben, qui prépara la résistance; mais elle fut peu redoutable. Le 20 mars, après un léger combat, la ville fut occupée. Elle était vide (1).

En dépit de leur fanatisme, ses 20.000 habitants l'avaient abandonnée. Les troupes se logèrent dans les maisons. Elles trouvèrent peu de pain, mais beaucoup de vin, et pendant quelques jours elles menèrent joyeuse vie, après ces premières épreuves. Les tables étaient dressées dans les rues qui retentissaient du bruit des chants et des rires, et la ville ressemblait à une immense guinguette, au milieu d'une belle

---

(1) Sur ces scènes de violence, racontées par Eben lui-même, voir les intéressantes pages de Napier, *Guerre de la Péninsule*, t. III, livre 27.

campagne, sous la tiédeur d'une saison qui redevenait plus clémente.

Peu à peu, les habitants se hasardèrent à rentrer. Soult continuait la politique qu'il avait inaugurée à Orense et qu'il allait pratiquer avec plus d'ampleur à Oporto. Il rassurait les gens, protégeait les propriétés, faisait surtout respecter les églises. Le dimanche qui suivit notre entrée, entouré d'un nombreux état-major, il assista à la grand'messe dans la cathédrale.

C'est de Braga qu'il écrivit à l'évêque d'Oporto pour l'engager à reconnaître notre influence et à renoncer à une résistance inutile (21 mars). Il s'adressa également aux Portugais (22 mars). Mais la conciliation restait sans effet, et il importait de descendre sur Oporto où les Portugais faisaient de grands préparatifs, où les Anglais dirigeaient la construction d'ouvrages extérieurs, et où s'étaient rassemblés 60.000 hommes de troupes régulières, de milices et d'ordenanzas.

On laissa le général Heudelet dans Braga, et on partit le 25.

De Braga à Oporto, la route est directe. Mais les villages étaient déserts et les paysans soulevés. Il fallut livrer plusieurs combats, surtout au passage de l'Ave, qu'on franchit sur plusieurs points, mais où fut tué le général Jardon Les Portugais s'en pri-

4.

rent de leur défaite au brigadier-général Vallongo. Ils le massacrèrent et le découpèrent en morceaux qu'on jeta dans du fumier. Les Espagnols s'étaient livrés à de pareils exemples sur leurs généraux. Mais les Portugais exagéraient le système.

Le 27 mars, le corps d'armée arriva à Infesta, sous les murs d'Oporto.

Le Portugal, malgré sa faible étendue, peut être partagé en trois régions bien distinctes : le nord, la vallée du Tage et les Algarves qui sont déjà l'Afrique. Oporto est la capitale de cette *Lusitanie septentrionale,* comme disait le traité de Fontainebleau, du 27 octobre 1807; région énergique et laborieuse, plus peuplée que le reste du royaume; pays de céréales et de vignobles dont le Duero est le débouché et Oporto le vaste entrepôt. Oporto est la ville la plus remuante et la plus difficile à gouverner du Portugal; c'est toujours là qu'ont commencé les révolutions, celles de 1640, de 1808, de 1820. Or, on connaissait mal ce pays; on avait tort d'en juger d'après ce qu'on avait vu à Lisbonne, et Soult, plus tard, — trop tard.— le faisait justement observer à l'Empereur. (Lettre à Napoléon, de Lugo, 30 mai.)

Les maux causés par l'invasion dans Oporto n'étaient pas comparables à ceux dont Lisbonne avait souffert, car Lisbonne avait été le centre de notre occupation en 1807. C'est cependant à Oporto que la haine contre l'étranger trouva son foyer le plus ardent et que le fanatisme se déchaîna avec le plus de violence.

Il y avait là, en 1809, un évêque ambitieux qui avait projeté de se mettre à la tête des autorités insurrectionnelles et de transférer à Oporto le siège du gouvernement (1). Chef religieux et politique, il s'était, par surcroît, improvisé chef de guerre. C'est lui qui avait poussé à la construction des défenses dont on avait couvert Oporto.

La ville s'étale en amphithéâtre sur la rive droite du Duero, dont la largeur en cet endroit n'est que de deux cents mètres, et dont l'embouchure est gardée par la petite place de San Joân de Foz. Sur la rive gauche se trouve le grand faubourg de Villanova de Gaya, alors réuni à la rive opposée par un pont de bateaux. Mais la ville et les bords du fleuve sont entourés de collines sur lesquelles on avait élevé des redoutes, rattachées les unes aux autres par des terrassements et des palissades. Le tout formait une enceinte demi-circulaire dont chaque extrémité s'appuyait au Duero.

Ces redoutes et la ville étaient garnies de 200 pièces

---

(1) Est-il nécessaire de rappeler qu'en 1807 la veille même de notre entrée à Lisbonne, le prince régent du Portugal, la famille royale, la cour, une partie de la noblesse, s'étaient embarqués sur la flotte et s'étaient retirés au Brésil? La famille royale ne revint qu'en 1820.

de canon, pourvues d'un matériel considérable et défendues par plus de 60.000 hommes, tant soldats que gens du peuple et paysans des environs, sous les ordres des généraux Perela et de Lima, lieutenants de l'évêque.

Cet appareil militaire, qui pouvait paraître formidable, n'était rien encore auprès de l'exaltation furibonde et fanatique qui régnait dans les murs d'Oporto. Des soldats français, une centaine de familles portugaises et françaises, une foule de gens suspects de nous être favorables avaient été jetés dans les prisons avec menace d'être égorgés, si l'ennemi triomphait. Et le nombre de ces malheureux augmentait tous les jours.

Il suffisait d'avoir désapprouvé une cruauté de la junte révolutionnaire, de s'être plaint de ses vexations, ou d'hésiter à s'armer contre nous, pour être accusé d'*inconfidenza*, dépouillé de ses biens et réduit à se cacher. Les consuls de Russie, de Hollande, de Prusse et de Danemarck, durent faire leur service aux batteries pour sauver leurs jours. Tous les prêtres, sans exception, étaient enrôlés et en uniforme, sans cependant abandonner leurs fonctions ecclésiastiques. Les uns figuraient dans l'état-major de l'évêque; les autres étaient employés aux batteries ou commandaient les milices et les paysans. D'autres enfin excitaient le peuple dans les églises et sur les places publiques. On n'était pas allé aussi loin dans Saragosse.

Par humanité, bien plus que par crainte, le maréchal Soult, du camp d'Infesta, envoya une sommation à la ville, le 28. Elle resta sans réponse, et le parlementaire qui l'avait portée n'échappa à la mort qu'en assurant au peuple que Soult offrait de battre en retraite. Dans l'après-midi, Foy, qui poussait une reconnaissance avec le chef de bataillon Roger, fut pris par les ennemis. Roger fut massacré sur-le-champ, Foy allait subir le même sort. On le prenait pour le général Loison que les Portugais surnommaient *Maneta*, parce qu'il était manchot, et qu'ils détestaient particulièrement; nous verrons pourquoi. Aux cris de: *Maneta! Maneta!* Foy comprit et leva ses deux bras en l'air. Il fut épargné, mais conduit en prison. Sa mort n'était qu'une question d'heures.

C'est alors que Soult décida de donner l'assaut et prit ses mesures pour le lendemain.

Dans la ville, la nuit fut extraordinaire. Les cloches sonnaient le tocsin; les églises étaient ouvertes et regorgeaient de peuple. On entendait partout des prédications véhémentes, dont le texte était que la guerre était sainte, qu'elle était commandée par Dieu même, etc. On s'y prépara pieusement en massacrant force notables et avec eux plusieurs prêtres qui avaient voulu s'interposer. Un orage épouvantable accompagna ces excès et fut suivi d'une pluie torrentielle.

Le calme était revenu et le temps était clair lorsque, le 29 mars, à sept heures du matin, l'attaque commença. Soult avait donné pour cri de guerre : *Napoléon et gloire!* Après avoir rangé ses troupes à l'abri de l'artillerie, il les lança rapidement en trois colonnes : celle de gauche, sous Delaborde et Franceschi ; celle du centre, sous Mermet et Lahoussaye ; celle de droite, sous le général Merle.

La cavalerie, partant au galop, balaya les postes avancés, puis l'infanterie aborda les retranchements couverts d'une foule hurlante que le bruit du canon excitait davantage. Les retranchements enlevés au pas de course, nos troupes poursuivirent l'ennemi, la baïonnette dans les reins, et le rejetèrent dans les rues de la ville qui furent en proie à un affreux désordre. La population, en effet, qui ne s'attendait pas à la défaite, se précipitait en masse sur le pont du Duero qui conduisait au faubourg.

L'évêque, qui dès le commencement de l'action s'était installé dans le couvent de Serra, sur la rive gauche, avait pris la route de Lisbonne, laissant à ses généraux le soin de s'en tirer.

La cavalerie de l'évêque, qui fuyait également, se frayait un chemin à travers la cohue, renversant et piétinant tout, et décimée par la mitraille que deux batteries portugaises lançaient de la rive gauche pour nous arrêter. Sous le poids de la foule, un des pontons coulé ; beaucoup de fuyards tombent dans l'eau et sont entraînés par le courant avec des cris lamentables. En ce moment arrive le 47ᵉ de ligne, Donnadieu en tête. Il remplace aussitôt le ponton coulé, traverse le pont sous le feu des deux batteries, s'empare des pièces et les tourne contre l'ennemi. Il faut renoncer à décrire les noyades et les scènes dramatiques dont les deux rives furent alors le théâtre.

A peine en ville, on avait couru aux prisons. On y délivra Foy, une vingtaine de soldats, et de nombreuses familles stupéfaites de ce salut inespéré. On se battit encore sur plusieurs points, notamment à l'évêché, où 200 Portugais firent une résistance énergique. Tout ce qui fut pris fut passé par les armes. Ce qui exaspéra nos soldats, c'est que, sur une des places, ils trouvèrent une vingtaine de leurs camarades que les Portugais avaient pris, auxquels ils avaient arraché les yeux et la langue et infligé d'odieuses mutilations. Ces malheureux vivaient encore. Devant ce spectacle, et alors que nos soldats eux-mêmes s'étaient généreusement exposés pour arracher au Duero des victimes, rien ne fut épargné. Pendant plusieurs heures, le meurtre, le pillage, le viol se déchaînèrent. Ce fut en vain que Soult et plusieurs officiers essayèrent de s'y opposer, au péril de leur vie. Il fallut lâcher la bride aux représailles. C'est ainsi que, dans cette campagne, les excès même de nos ennemis contribuèrent à affaiblir notre discipline.

Notre victoire d'Oporto, payée de pertes minimes, 80 tués et 350 blessés, coûtait aux Portugais 8.000 hommes tués, 2.000 noyés, 20 drapeaux, 197 pièces de canon, 300 milliers de poudre et un matériel considérable. De plus, trente bâtiments anglais chargés de vin et de subsistances restaient entre nos mains. Quant à l'évêque, il avait, sans encombre, gagné Lisbonne. Il s'y réconcilia avec le conseil de régence, en fit bientôt partie, devint ensuite patriarche et finit plein de jours et d'honneurs, après tant de précieux services.

Soult croyait avoir assez fait d'avoir atteint Oporto, en triomphant d'obstacles que personne n'avait soupçonnés. Il y passa tout le mois d'avril. C'était le parti le plus dangereux. Il n'était pas prudent de camper, avec 20.000 hommes seulement, au cœur d'un pays soulevé devant nous, coupé derrière nous. Car c'est en vain qu'il attendait Victor. Victor, entraîné de la vallée du Tage dans celle du Guadiana, à la suite du vieux général espagnol Grégorio da Cuesta qu'il battit à *Médelin*, la veille même de notre entrée dans Oporto (28 mars), Victor ne songeait pas à pousser sur Lisbonne la pointe dont avait parlé Berthier.

Il avait bien envoyé la division Lapisse contre Ciudad-Rodrigo. Mais, après avoir essayé d'enlever la place par un coup de main, Lapisse, qui n'avait pas de matériel de siège, revint sur ses pas sans rien laisser derrière lui pour nouer des communications avec Soult.

En outre, ce qui est plus grave, le séjour d'Oporto engagea Soult dans des combinaisons politiques qui menacèrent de tourner fort mal.

Nous touchons ici aux événements qui ont donné à cette expédition de Portugal un caractère si particulier et qui ouvrent un jour sur le singulier « état d'âme » des armées impériales à de certaines heures de leur histoire.

CHAPITRE IV

1809. — II. Le Complot d'Oporto.

L'entrée des Français à Oporto fut suivie de quelques semaines de tranquillité et d'apaisement. Aussi bien, le maréchal Soult, bon général, n'en était pas à ses débuts d'administrateur.

Sous le Directoire, il avait organisé le Piémont avec le général Joubert et avait pacifié le pays. Sous le Consulat, investi du commandement de Tarente (1801), il avait eu à surveiller l'Italie méridionale et à étendre son action jusque sur les côtes d'Illyrie et de Dalmatie. Enfin, et plus récemment (1807), il avait été gouverneur de Berlin. Cette expérience, il l'apporta à l'administration des provinces qu'il venait de conquérir, et se signala par les mesures les plus propres à nous ramener le pays.

Il faisait respecter les personnes et les propriétés. Il n'exigeait aucune contribution, et soulageait même ceux des habitants qui avaient le plus souffert.

Il invitait les Portugais influents à se rendre auprès de lui, et s'entretenait avec eux de la situation. Elle était digne du plus vif intérêt, à ses yeux. Abandonné par la famille royale, le Portugal resterait-il sans direction? Allait-il, au sortir de l'anarchie, retomber dans le désordre et devenir la proie des Anglais qui le regardaient déjà comme une de leurs colonies? Au contraire, ne reconnaîtrait-il pas l'avantage d'un gouvernement fort, capable de comprimer les factions comme l'était celui de Napoléon?

Dans cette partie du Portugal riche et laborieuse, ce langage fut compris. Les habitants des villes, surtout les commerçants, les juifs, les petits propriétaires, envoyèrent des députations au maréchal pour témoigner de leur gratitude. Les chefs du parti hostile à la maison de Bragance, saisissant l'occasion de rompre avec elle, firent signer des adresses par plus de trente mille personnes de la noblesse, du clergé, de la bourgeoisie, recueillies dans Oporto, Braga, Barcelos, Viana, Villa do Condé, Povoa de Varzim, Ovar, et autres villes. Elles exprimaient le vœu qu'un prince français fût appelé à gouverner le Portugal, et qu'en attendant le pouvoir fût exercé par le maréchal (1).

---

(1) Ces adresses furent brûlées lors de notre évacuation d'Oporto. On n'en a pas contesté l'authenticité, le nombre et le sens général. Mais nous aimerions en connaître le texte, s'il était vrai qu'il y fût question de Soult, comme l'affirmait la circulaire qu'on verra plus loin.

Déjà, en 1807 et en 1808, Junot avait eu l'habileté d'obtenir du Portugal des adresses de ce genre, pleines de flatteries pour Napoléon et pour la France, à laquelle les Portugais étaient alors fiers de se rattacher, et qui suppliaient l'Empereur de faire le bonheur de leur pays. Mais l'idée n'était pas venue à Junot d'en tirer le profit que rêva Soult en avril 1809.

D'une présomption toute gasconne et naturellement vaniteux, enchanté d'ailleurs de rencontrer tant de soumission après tant de résistance, le maréchal se méprit, — ou affecta de se méprendre, — sur le véritable sens de ces manifestations. Où il n'y avait qu'horreur du désordre, besoin de sécurité, hostilité contre la maison régnante, il vit des sympathies spontanées, inspirées par ses talents personnels, et il se laissa aller à l'espérance d'échanger son duché de Dalmatie contre un trône nouveau, celui de *Lusitanie septentrionale*.

Pour agir sur le pays, travaillé déjà par un jeune intrigant portugais, du nom de Viana, dont il avait fait son confident, Soult imagina d'employer l'armée elle-même, et la sollicita de peser sur la population pour un dessein dont on attendait les plus heureux résultats.

Tel fut le sens de la circulaire adressée par le général Ricard, chef d'état-major général, au général Quesnel, gouverneur d'Oporto, et destinée aux chefs de corps.

Ricard était de Castres, par conséquent compatriote du maréchal (1). Tous les deux étaient fort liés. Souvent le maréchal invitait Ricard à passer la soirée chez lui, pour s'entretenir avec lui de Castres et de Saint-Amans ; *mais à une condition*, ajoutait-il, *c'est que nous parlerons patois*. C'est évidemment sous l'inspiration de son chef et son ami que Ricard rédigea ce singulier document, où il présentait, comme nous dirions en style électoral, la *candidature officielle* de Soult à la royauté.

En voici les passages les plus significatifs :

Le général Ricard, chef d'état-major du 2ᵉ corps d'armée en Espagne, à M. le général de division Quesnel.

Oporto, le 19 avril 1809.

Mon Général,

Son Excellence M. le Maréchal duc de Dalmatie m'a chargé de vous écrire pour vous faire connaître les dispositions que la grande majorité des habitants de la province de Minho manifestent.

La ville de Braga, qui une des premières s'était portée à l'insurrection, a été aussi la première à se prononcer pour un changement de système qui assurât à l'avenir le repos et la tranquillité des familles et l'indépendance du Portugal... Oporto et à Barcelos, les habitants ont aussi

---

(1) Soult (Nicolas-Jean de Dieu) était né en 1769, à Saint-Amans (Tarn), où l'on voit sa maison paternelle. Il était fils d'un notaire chargé de famille. Soldat au régiment de Royal-Infanterie en 1785, il mourut en 1851, maréchal-général, comme Turenne.

manifesté les mêmes sentiments et tous sentent la nécessité d'avoir un appui auquel les citoyens bien intentionnés puissent se rallier pour la défense et le salut de la patrie et pour la conservation des propriétés.

A ce sujet, de nouvelles députations se sont présentées à S. E. pour la supplier d'approuver que le peuple de la province de Minho manifestât authentiquement le vœu de déchéance du trône de la maison de Bragance, et qu'en même temps S. M. l'Empereur et Roi fût supplié de désigner un prince de sa maison ou de son choix pour régner en Portugal ; mais qu'en attendant que l'Empereur ait pu faire connaître à ce sujet ses intentions, *S. E. le duc de Dalmatie serait prié de prendre les rênes du gouvernement,* de représenter le souverain et de se revêtir de toutes les attributions de l'autorité suprême ; le peuple promettant et jurant *de lui être fidèle, de le soutenir et de le défendre aux dépens de la vie et de la fortune contre tout opposant et envers même les insurgés des autres provinces,* jusqu'à l'entière soumission du royaume.

Le Maréchal a accueilli ces propositions... Il m'a ordonné de vous faire part de ces dispositions pour que, dans l'arrondissement où vous commandez, vous en favorisiez l'exécution et qu'ensuite vous en propagiez l'effet sur tous les points du royaume où vous pourrez en faire parvenir la nouvelle.

M. le Maréchal ne s'est pas dissimulé qu'un événement d'aussi grande importance étonnera beaucoup de monde et doit produire des impressions diverses ; mais il n'a pas cru devoir s'arrêter à ces considérations. *Son âme est trop pure* pour qu'il puisse penser qu'on lui attribue aucun projet ambitieux. Dans tout ce qu'il fait il ne voit que la gloire des armes de Sa Majesté, le succès de l'expédition qui lui a été confiée et le bien-être d'une nation intéressante qui, malgré ses égarements, est toujours digne de notre estime.

La circulaire fait valoir tous les avantages de cette combinaison, à la fois pour le Portugal et pour l'armée à laquelle elle assurait le repos, et dit, en terminant :

La tâche que M. le Maréchal s'impose dans cette circonstance est immense, mais il a le courage de l'embrasser, et il croit la remplir même avec succès, si vous voulez bien l'aider dans son exécution. Il désire que vous propagiez les idées que je viens de vous communiquer, que vous fassiez protéger d'une manière particulière les autorités ou citoyens quelconques qui embrasseront le nouveau système, en mettant les uns et les autres dans le cas de se prononcer et d'agir à l'avenir en conséquence. Vous veillerez plus soigneusement que jamais à la conduite de votre troupe, l'empêcherez de commettre aucun dégât ou insulte qui pourrait irriter les habitants, et vous aurez la bonté, monsieur le Général, *d'instruire fréquemment son Excellence de l'esprit des habitants* et du résultat que vous aurez obtenu.

J'ai l'honneur, etc.

RICARD (1).

Soult crut trop vite au succès. Il distribua les ministères de sa future royauté. Il laissa crier au théâtre : *Vive le roi Nicolas !* Il se montra au balcon de la maison Viana, où il logeait ; il fit jeter de l'argent au peuple, par Ricard ; enfin, il donna des dîners où il se laissait traiter de *Sire* et de *Majesté*. « Un très grand nombre d'officiers français qui se trouvaient

(1) La pièce est dans Thiers (livre XVIII). Elle est authentique et certifiée par Clarke.

alors à Oporto, dit Marbot, notamment les généraux Delaborde, Mermet, Thomières, Merle, Loison et Foy, m'ont *affirmé* avoir assisté à des réceptions dans lesquelles les Portugais donnaient au maréchal les titres de Roi et de Majesté que celui-ci acceptait avec beaucoup de dignité (1). »

Il ne faut pas s'étonner outre mesure que Soult se soit laissé aller à ces idées de souveraineté et de grandeur. La fortune extraordinaire de Bonaparte, l'exemple de ses frères imposés à la Hollande, à la Westphalie, à l'Espagne, l'avènement de Murat au trône de Naples, la distribution des duchés et des fiefs d'Empire, tout cela avait tourné les têtes.

Ce rêve de passer roi, à l'avancement, de prendre sa retraite sur les débris d'une ancienne dynastie, il n'était pas de général qui ne le fît, comme Soult, suivant son ambition ou ses convoitises.

Ne voyait-on pas Berthier tout puissant dans sa petite principauté de Neufchâtel ? Davout n'exerçait-il pas une véritable royauté dans les provinces de Pologne, Bernadotte dans le gouvernement de la Poméranie et des villes hanséatiques, Marmont dans l'administration des provinces Illyriennes, Suchet dans l'occupation de la Catalogne et de Valence ? Et Soult ne retrouva-t-il pas dans l'Andalousie, de 1810 à 1812, la puissance entrevue à Oporto, en 1809 ?

(1) *Mémoires*, t. II.

Telle était la conséquence naturelle, et funeste, de l'esprit de conquête déchaîné par Napoléon, si différent des nobles passions qui avaient suscité et conduit les armées de la République. On ne demandait plus à la guerre que le profit, et si l'Empereur était tombé brusquement sur un champ de bataille, en 1809, on aurait vu se renouveler les sanglantes funérailles d'Alexandre. Rois, princes, chefs de corps, tous ces parvenus de la victoire se seraient disputés les débris de l'Empire. En Allemagne, en Italie, en Espagne, désunis et rivaux, ils auraient défendu les uns contre les autres leur morceau de souveraineté, jusqu'au jour où ils eussent été submergés dans une ruine commune sous le flot des nationalités vengeresses et des peuples soulevés.

Si, dans l'entourage de Soult, il se rencontra des complaisants et des flatteurs, toujours prêts à s'incliner devant un maître et impatients de s'en partager les faveurs, l'armée toutefois ressentit une vive irritation. Elle ne pensait pas que telle dût être l'issue d'une aussi pénible campagne. Elle avait pu se résigner à souffrir pour le service de Napoléon; elle n'entendait pas avoir travaillé pour l'ambition de Soult.

Le chef des mécontents paraît avoir été le général Loison, dont la figure est une des plus originales de cette armée.

Loison était né à Damvilliers (Meuse), en 1771.

Fils d'un conseiller au Parlement de Metz, il avait reçu une instruction soignée, mais quelques années de dissipation le contraignirent à s'engager. Il avait passé plusieurs mois dans un régiment colonial, en 1787, quand, en 1791, il fut élu sous-lieutenant, puis lieutenant dans un bataillon de volontaires qui devint le 29e d'infanterie.

Capitaine de hussards dans la légion du Nord en 1792, adjudant-général en 1793, il fut compromis par ses exactions sur la frontière du Luxembourg, et destitué. Replacé en 1795, il servit dans l'armée de Paris sous Bonaparte et contribua au 13 vendémiaire, ce qui lui valut d'être promu général de brigade. Envoyé à l'armée d'Italie l'année suivante, il fut mis en réforme, « pour n'avoir pas rejoint, » dit sa feuille de service.

Remis en activité en 1799, il se distingua à l'armée d'Helvétie où il fut nommé divisionnaire; il figura, en 1800, à l'armée d'Italie, et, en 1805, à Austerlitz.

Il avait alors une belle réputation militaire que la première expédition de Portugal acheva de consacrer. Il y commandait la 2e division. Cantonné d'abord au nord de Lisbonne, il se signala par la rigueur avec laquelle il réprima une petite émeute, à Caldas da Reinha. Envoyé de là à Almeida, puis à Oporto pour rétablir l'ordre, il fut arrêté par des forces supérieures et redescendit sur Lisbonne. Il fut alors dirigé sur l'Alemtejo qui pouvait être une ligne de retraite sur l'Espagne. Avec 7.000 hommes, 1.200 chevaux, 8 pièces de canon, et les généraux Margaron et Solignac, il traversa le Tage, le 25 juillet 1808, et marcha contre Evora, qu'il prit et saccagea. De là, il s'avança sur Elvas, chassa de nombreuses bandes d'Espagnols, nettoya le pays et approvisionna la place. Rappelé par Junot, qui se voyait menacé par les Anglais, il combattit à Vimeiro.

En somme, après Junot, c'est Loison qui avait joué le principal rôle dans la campagne de Portugal, en 1807. Il avait parcouru le pays du nord au sud, précédé d'une réputation d'énergie que les exécutions d'Evora avaient portée à son comble. Le général *Maneta* (il avait perdu un bras dans un accident de chasse) jouissait de la plus belle impopularité. Il aurait été mis en petits morceaux, voluptueusement, s'il était tombé au pouvoir des Portugais. Longtemps après notre départ, il resta dans le peuple comme une sorte de croquemitaine dont on effrayait les petits Portugais. « Si tu n'es pas sage, disaient les mères, gare au général *Maneta* ! » C'est ainsi que le roi Richard avait été célèbre en Palestine.

On comprend que dans le corps de Soult, où il n'était d'abord qu'*à la suite*, Loison ait été peu flatté de son effacement. Il le laissa voir sur la route, à plusieurs reprises, dans ses railleries à l'adresse du commandement. A Oporto, il se gêna moins encore. Campé à Amarante, et flanqué de deux danseuses qu'il avait amenées de Bordeaux, il parlait d'Oporto comme d'une nouvelle Capoue où risquaient de se perdre la vigueur et la discipline du soldat (1). Quand il reçut la circulaire Ricard, il éclata. Il voulait entraîner les troupes et marcher contre le général en chef. Foy, toujours sage et mesuré, le calma quelque peu.

Loison gagna à ses projets le général Delaborde, qui avait fait partie comme lui de l'expédition Junot, et qui avait arrêté les Anglais au brillant combat de Roliça (2); Merle, ancien soldat de la royauté, général de la République, un des bons divisionnaires de l'Empire (3); Quesnel, gouverneur d'Oporto en 1809,

___

(1) Cf. « Mémoire que M. le Préfet de police est prié de mettre sous les yeux de S. M., comme donnant des détails certains sur ce qui s'est passé dans la seconde expédition de Portugal, commandée par S. E. le maréchal duc de Dalmatie. » — C'est un rapport de police égaré dans les papiers de la guerre, qu'il faut lire avec précaution, mais qui est très instructif. (Portugal. Corresp. générale, 1809.)

(2) DELABORDE, né à Dijon (1764-1833). D'abord soldat au 55ᵉ de ligne, puis lieutenant au bataillon de volontaires de la Côte-d'Or, en 1792. Avait servi sous Dugommier à Toulon, sous Moreau en Allemagne. Commandant de la 13ᵉ division militaire, à Rennes, en 1802. Comte de l'Empire, après Roliça. Fit la campagne de 1812. Rallié à Napoléon, lors des Cents-Jours, devint pair de France. Destitué par la deuxième Restauration, poursuivi, jugé par contumace. Absous.

(3) MERLE, né à Montreuil-sur-Mer (1766-1830). Soldat en 1781, général en 1794. Servit à Austerlitz, en Espagne, en Portugal,

après l'avoir été en 1807; qui s'était permis de blâmer la circulaire Ricard et avait été rabroué par le maréchal. « L'approbation à obtenir de l'Empereur me regarde seul, dit Soult, et ne doit point occuper les officiers placés sous mes ordres. » — « Le sort infligé aux lieutenants du général Dupont, riposta Quesnel, prouve que l'Empereur sait au besoin faire descendre la responsabilité du général en chef jusqu'à ceux qui ont partagé ses fautes. »

Loison gagna encore, dans son entourage, le colonel Saint-Genié, son chef d'état-major, le colonel Mejean, les colonels Laffite, du 18e dragons, et Girardin, du 8e, et le colonel du 47e de ligne, Donnadieu, toujours prêt aux aventures.

Il serait téméraire de citer d'autres noms, mais ceux-là ont été indiqués par Argenton, qui ne parlait pas tout à fait au hasard. On tint des conciliabules, tantôt à Amarante, tantôt à Oporto. On exposa ses griefs, on échangea des vues et des espérances; pour dire le mot, qui faillit coûter cher au général Bigarré, on *conspira*.

Le général Bigarré, aide-de-camp du roi Joseph, avait été envoyé de Madrid pour suivre les opérations

en Russie. Reconnut Louis XVIII, en 1814. Inspecteur général de la gendarmerie. Retraité en 1816.
  Lire l'intéressante notice, *le Général Merle* (1766-1830), par A. Braquehay, 1 vol., 1893, Paris et Montreuil. C'est avec de semblables monographies que nous arriverions à reconstituer notre histoire militaire.

du 2ᵉ corps, et séjourna avec l'armée dans Oporto.

« Un soir, dit-il, que je venais de faire une partie de whist avec S. E. le duc de Dalmatie, et que je rentrais chez moi, à minuit, j'aperçus les colonels Donnadieu et Laffite qui s'entretenaient très mystérieusement à voix basse, dans la rue où je demeurais. M'approchant d'eux, aussi légèrement que je le pus, et sans être vu, je frappai sur l'épaule de Donnadieu en lui disant : « Ah ! je vous y prends, messieurs les *conspirateurs*. » Cette épithète dont je les qualifiais était une véritable plaisanterie de ma part ; cependant, de l'aveu même du général Donnadieu, j'ai su depuis qu'elle avait failli me coûter la vie (1). » On délibéra en effet, si on n'allait pas le jeter bas d'un coup de pistolet, et le lancer dans la rivière.

Qu'il y ait eu une conspiration *militaire*, opposée aux intrigues politiques de Soult, on ne peut se refuser à l'admettre. Quand nous n'aurions pas, avec les aveux d'Argenton, le témoignage de gens bien informés, comme Bigarré, Marbot et d'autres, il faudrait s'en rapporter aux historiens anglais, comme Napier et Vane ; enfin, les dépêches de Wellington au gouvernement britannique lèveraient tous les doutes.

Que se proposait-on ? De saisir Soult, s'il persistait dans ses projets de royauté, de le livrer aux Anglais et de signer avec eux une convention semblable

(1) *Mémoires*, ch. 13, 1 vol. in-8°, 1893.

à celle de Cintra, pour l'évacuation pure et simple du Portugal.

S'y ajouta-t-il une conspiration *politique?* Tout en travaillant à se défaire de Soult, songeait-on à renverser Napoléon, à organiser un gouvernement, etc. ? On hésite d'abord à le croire. On ne voudrait voir dans ces entretiens d'Oporto et d'Amarante que des propos de bivouac, sans consistance ; des rêveries de soldats qui s'ennuient, qui conjecturent vaguement ce qu'il adviendrait d'une soudaine disparition de *l'autre.* Dans ces conjectures revenait souvent le nom de Moreau. Quoi d'étonnant ? Beaucoup avaient servi sous ses ordres. Sa renommée, toujours éclatante, était grandie encore par l'exil. *Major e longinquo reverentia.* Napoléon en a fait l'expérience à Sainte-Hélène.

Il faut pourtant se rendre à des détails singuliers et reconnaître que l'armée était travaillée par un malaise profond où il entrait de tout : lassitude de la guerre, irritation contre Soult et contre Napoléon lui-même, espérance de quelque chose de nouveau, qui serait comme une délivrance.

Cette conspiration, on voit bien qu'Argenton l'a exagérée auprès de Soult pour effrayer le maréchal, comme Soult l'a exagérée auprès de Napoléon pour s'excuser lui-même de ses fautes. Elle n'en existe pas moins. Les lignes en restent indécises, comme il arrive dans ces sortes d'affaires; mais on la devine et on s'y heurte dans l'ombre. Le procès d'Argenton n'a pas fait le grand jour. On ne s'en souciait pas.

Cet esprit de l'armée de Portugal, qui semble s'être étendu aux armées d'Espagne, était-il le résultat d'intrigues anglaises, comme l'assurent Marbot, Soult et d'autres avec eux? Rien dans les documents britanniques, et particulièrement dans la correspondance de Wellington, n'induit à le soupçonner.

Était-il, d'autre part, l'œuvre mystérieuse des *philadelphes*, comme l'assurent les Anglais et plusieurs de nos officiers avec eux? Pas davantage.

« Le lecteur, écrit Vane, ne doit pas ignorer qu'il se manifestait alors de violents symptômes de mécontentement dans les rangs de l'armée française. Il existait une société secrète, dont les membres, sous le nom de *philadelphes*, prenaient l'engagement, aussitôt qu'une occasion favorable se présenterait, de renverser la dynastie impériale et d'établir un gouvernement démocratique en France.

« *Plusieurs adeptes, à la tête desquels on comptait un adjudant-major, se trouvaient dans l'armée de Soult.* Cet officier était en communication personnelle avec sir A. Wellesley, auquel il proposa un plan pour séduire les soldats et s'emparer de la personne du général. Bien qu'on ne donnât pas une grande confiance à ses renseignements et qu'il fût traité avec toute la prudence nécessaire en pareil cas, il y avait cependant dans sa manière d'agir et dans ses expressions quelque chose qui commandait l'attention. C'est de lui que nous apprîmes qu'un esprit de rébellion se manifestait parmi la garnison d'Oporto, et qu'un seul sentiment dominait dans tous les rangs : celui d'un dégoût prononcé pour le service de Napoléon (1). »

Les historiens anglais ont donné parfois une importance excessive à des faits que nous avons jugés fort minimes en France. Nous verrons plus loin ce qu'il faut penser de l'existence et de l'influence des *philadelphes*. Il faut à la conspiration d'Oporto trouver une autre origine. Les fatigues de l'armée, l'ambition de Soult, le relâchement de la discipline : en voilà les causes à la fois les plus simples et les plus vraies.

(1) Ch.-W. Vane, marquis de Londonderry, *Guerre de la Péninsule*, t. I, ch. 13. Il était, en 1809, colonel de cavalerie, et attaché à l'état-major de Wellington. — On trouve la même croyance aux *philadelphes*, dans un livre d'ailleurs bien fait et fort estimé en Angleterre : *Histoire de Wellington*, par A. Brialmont, 3 vol. 8°, 1856-57, Paris et Bruxelles.

CHAPITRE V

1809. — III. Le capitaine Argenton.

Le plan adopté, il fallait le proposer aux Anglais. Jean Viana, ce Portugais équivoque dont Soult avait fait son confident et dont les allées et venues étaient couvertes d'une inexplicable complaisance, Viana, vers le milieu d'avril, alla trouver le général anglais Beresford, à Thomar, avec les offres des mécontents. Ceux-ci demandaient tout d'abord l'envoi d'un officier anglais pour s'aboucher avec leur émissaire. Beresford envoya le colonel Douglas qui se rendit, la nuit, en uniforme, par le lac d'Ovar vers les avant-postes français. Il était convenu qu'on se rencontrerait sur le lac ; mais, dans l'obscurité, les barques se dépassèrent sans se voir.

Douglas revint à Aveiro. Il y trouva Viana avec le capitaine Argenton, du 18e dragons (1).

---

(1) Il y avait alors cinq divisions de dragons en Espagne : celles de Latour-Maubourg, Kellermann, Milhaud, Lahoussaye et Lorge. Le 18e régiment faisait partie de la 4° (Lahoussaye) ; il avait été formé du régiment des *Dragons du Roi* créé en 1744,

Je n'ai pas le dessein de réhabiliter Argenton. Mais il convient de reconnaître, tout d'abord, que l'officier français qui se lançait dans cette étrange aventure était, la veille encore, un des plus braves et des plus honnêtes de l'armée. Argenton, d'ailleurs, a toujours affirmé qu'il n'avait fait qu'obéir à l'ordre qu'il avait reçu. Il s'est obstinément défendu d'avoir trahi ; jusqu'au dernier moment, il a déclaré qu'il n'avait en vue que de sauver l'armée. Ses services pourraient répondre de sa sincérité.

Argenton (Jacques-Constantin) était né à Rabat (Ariège) le 18 janvier 1775, d'une famille de paysans.

Volontaire en 1792, au 1er bataillon de l'Ariège, qui fut ensuite versé dans le 25e de ligne, il servit aux Pyrénées en 1793 et 1794, puis en Italie, où il se distingua dans plusieurs rencontres.

Parti comme sergent pour l'Égypte, il monta le premier, aux côtés de Kléber, à l'assaut d'Alexandrie. A la fin de la campagne, il était sous-lieutenant au 25e de ligne et aide-de-camp du général Lefèbvre. Passé, en 1807, comme lieutenant au 8e dragons, puis au 18e, il était capitaine du 27 octobre 1808. Il venait de

et organisé à Metz. Sous l'ancien régime, il avait eu pour colonels Lafayette et le vicomte de Noailles. Sous la Révolution, il avait servi aux Pyrénées, en Italie, en Egypte ; sous l'Empire, dans les campagnes d'Allemagne et de Prusse ; partout avec une brillante valeur. — Voir l'intéressant historique du lieutenant-colonel Torel. — Avec le 18e, la division Lahoussaye comptait les 17e, 19e et 27e dragons.

se signaler, en Espagne, par sa décision et son énergie. Le 3 décembre, avec une avant-garde de 25 hommes, il avait surpris l'Escurial, chargé dans les rues, tué plusieurs ennemis de sa main, et forcé la garnison de se retirer. Le lendemain, tout le régiment s'installait dans le château. Tel était l'homme (1).

Lorsqu'il s'était agi d'envoyer quelqu'un aux Anglais, le « comité » s'en était remis au soin du colonel Laffite, du 18ᵉ dragons, et celui-ci avait fait choix d'Argenton, son compatriote et son protégé (2). Laffite a nié, naturellement. Mais comment Argenton aurait-il pu disparaître plusieurs jours sans la connivence de son colonel?

Argenton, dont le régiment était à Péñafiel, profita d'un voyage à Oporto pour aller trouver Donnadieu qui le conduisit à Viana. Et Viana le conduisit aux Anglais.

(1) Archives de la Guerre. État des services du capitaine Argenton.
Est-il nécessaire de dire, une fois pour toutes, que je n'avance rien, dans le récit de ces événements, qui ne soit emprunté aux documents de la Guerre ou aux pièces du procès? Arch. Nat., F. 7, D. 6537.

(2) LAFFITE (Justin) né à Saurat (Ariège) le 4 juin 1772.
Chasseur à cheval au 4ᵉ régiment en 1787, sous-lieutenant au 1ᵉʳ bataillon de l'Ariège, en 1792, servit en Italie et en Egypte; passa dans les dragons en 1800, fut colonel du 18ᵉ, le 20 septembre 1806, et fit en cette qualité la campagne de Prusse.
Le colonel Laffite, un moment détenu et en disgrâce, devint général de brigade le 1ᵉʳ octobre 1813. On perd sa trace après Leipzig.
Il avait un jeune frère sous-lieutenant dans son régiment en 1809.

« Nous partîmes d'Oporto sur deux mulets, du pain dans nos poches, vêtus tous deux en bourgeois, et ayant, en outre, un paysan pour guide, lequel avait été procuré par Viana. Nous devions trouver sur le canal, entre Ovar et Aveiro, un officier supérieur anglais. Mais ayant été retardés de quelques heures, nous ne l'y trouvâmes point. Viana et moi nous nous embarquâmes sur le canal et nous rendîmes à Aveiro, où nous arrivâmes sur les dix à onze heures du soir. Nous y trouvâmes l'officier supérieur en question (il se nommait Douglas), *à qui je fis part de ce dont j'étais chargé*, etc. » (Déposition d'Argenton.)

D'Aveiro, il fut mené à Thomar auprès de Beresford. Celui-ci, ne se croyant pas autorisé à l'entendre, l'envoya à Lisbonne. Il y resta cinq jours et s'ouvrit librement à Wellington. Celui-ci en informa aussitôt son gouvernement, et ce sont les expressions mêmes de Wellington, si froid et si exact, qui suggèrent les conjectures les plus significatives.

Le général anglais écrivait à lord Castlereagh (de Lisbonne, 27 avril) :

« ... L'avant-dernière nuit, un officier du nom de... (1) est arrivé ici, accompagné de M. Douglas qui avait été envoyé par le général Beresford vers les avant-postes français pour conférer avec lui. Et j'ai

---

(1) Il est à remarquer que le nom d'Argenton ne figure pas dans le texte anglais.

eu, hier, un entretien avec cet officier. Il m'a fait connaître le grand mécontentement et l'irritation que les mesures de Bonaparte excitaient *dans toute l'armée française*, et particulièrement dans le corps du maréchal Soult, qui avait souffert et qui souffrait encore d'une extrême détresse ; que ce mécontentement régnait depuis longtemps, pour diverses raisons, mais qu'il avait beaucoup augmenté... et que, *une grande partie des officiers du corps de Soult étaient déterminés à se révolter, à s'emparer du général et des autres officiers principaux connus pour être particulièrement dévoués aux intérêts de Bonaparte*, si l'armée pouvait être menacée par la mienne, etc... (1)

« L'objet de ces communications me paraît d'abord être de nous déterminer à marcher contre le corps de Soult; ensuite de donner à... et à deux autres capitaines de l'armée française des passeports pour la France.

« Sur le premier point, Votre Seigneurie sait que j'avais adopté un plan d'opérations conforme à cet objet... Sur le second, je demandai à... tout particu-

---

(1) « And that a large proportion of the officers of Soult's army were determined to revolt and to seize the General and others principal officers of the army, supposed to be particulary attached to the interests of Bonaparte, if the army should be pressed by the troops under my command... » *Correspondance de Wellington*. Ed. Gurwood, 1852. Cf. Moyle Sherer, *Military memoirs of the duke of Wellington*, L. 2, vol. in-12, 1830, t. I, pp. 205 et suiv.

lièrement les raisons qu'il avait pour souhaiter d'aller en France par-dessus tout, et d'y aller avant qu'aucune rencontre eût eu lieu. Il me répondit qu'il souhaitait d'y aller pour communiquer aux généraux ... et à d'autres, *mécontents de l'ordre de choses*, les mesures que les officiers du corps de Soult avaient en vue, et qui seraient certainement adoptées si l'armée était menacée par nous ; et qu'il souhaitait d'y aller le plus tôt possible parce qu'il était certain qu'aussitôt que Bonaparte recevrait connaissance de l'événement il ferait saisir tous ceux qui seraient soupçonnés d'être ses ennemis, et *couperait court ainsi aux espérances qui étaient entretenues*, et que les mêmes mesures deviendraient générales dans toute l'armée française. »

Comme on le voit d'après ce qu'on vient de lire, il n'y a pas de doute sur le caractère politique du complot, et le détail des passeports en trahit les ramifications et l'étendue. De ces trois passeports, deux seulement subsistent, et figurent parmi les pièces du procès. Ils sont du 27 avril, en anglais, signés de l'amiral Berkeley, qui commandait l'escadre du Tage, avec cette indication marginale : *most secret*.

Malgré la satisfaction qu'il devait éprouver de pareilles confidences sur l'état de notre armée, Wellington s'en tenait sur sa réserve habituelle. Il le faisait remarquer, avec insistance, à lord Castlereagh :

« *Dans l'état des affaires du Portugal, il m'a paru*

convenable de refuser de prêter l'oreille à ces communications. J'ai demandé cependant à l'amiral de donner à... des passeports pour lui et deux autres capitaines de l'armée française pour se rendre en France par mer... *Je ne me suis pas engagé plus avant*, et j'ai particulièrement engagé le général Beresford, en délivrant ses passeports à..., à lui demander qu'il voulût bien informer ses amis de l'armée qu'il avait sollicité de moi et qu'il en avait seulement obtenu des passeports pour la France ; que je souhaitais le succès de leur entreprise, mais que la ligne que je comptais suivre dépendrait des circonstances dans lesquelles se trouverait l'armée au moment où les officiers se saisiraient de leur général. . . . .

« Votre Seigneurie remarquera que je n'ai pas jugé convenable de décourager les dispositions qui paraissent régner parmi les officiers français ; mais, en même temps, que j'ai pris soin, non seulement de ne pas m'engager moi-même à une ligne particulière de conduite, mais de faire en sorte que les intéressés devront comprendre que je ne me considère comme lié en rien par quoi que ce soit de ce qui s'est passé. Etc... »

Voilà qui est clair. Il n'y a rien dans cette affaire qui ressemble à une intrigue de l'Angleterre, et il est triste de reconnaître que c'est Wellington qui joue le rôle le plus honnête.

Argenton revint à Oporto, et de là au camp français, sans que son absence de plusieurs jours ait paru suspecte. Ce qui prouve qu'on fermait les yeux sur bien des choses. Je ne vois nulle part qu'il ait rendu compte de sa mission. Cependant il entreprit un second voyage, le 5 et le 6 mai.

Les Anglais avaient prononcé leur mouvement vers le nord, et porté leur quartier général à Coïmbre. C'est à Coïmbre que se présenta Argenton, encore accompagné de Viana. Wellington, quelque peu étonné de son retour, consentit à l'écouter, sans entrer dans ses vues et surtout sans lui rien laisser voir des forces qu'il commandait et des dispositions qu'il avait adoptées pour nous surprendre.

Il écrivait le lendemain à lord Castlereagh :

De Coïmbre, 7 mai.

J'ai eu, la nuit dernière, une entrevue avec..., pour la première fois depuis que je l'avais reçu à Lisbonne.

Il m'a dit que l'armée française était divisée entre deux partis, dont l'un se proposait de se saisir de Soult à tout événement et de mettre à exécution le projet qu'il m'avait communiqué naguère ; dont l'autre, composé de... et de ceux qui étaient attachés à Bonaparte, se proposait également de s'emparer de Soult, s'il voulait se faire proclamer roi de Portugal, comme il en avait manifesté l'intention. Ce second parti voudrait alors ramener l'armée en France où on comprend que Bonaparte veuille l'avoir. Mais (Argenton) pense que si, une bonne fois, on était maître de Soult, les choses iraient comme le souhaitent ses amis.

Il m'a fait alors deux propositions : l'une de faire en sorte d'attaquer immédiatement, en prenant soin de couper toute retraite à l'armée sur l'Espagne ; l'autre, si je ne voulais pas attaquer immédiatement, de pousser les habitants des villes avec lesquelles je suis en relations à demander à Soult de prendre le gouvernement, en qualité de roi, et d'aller même jusqu'à leur insinuer que ce serait encore le meilleur moyen d'assurer la paix de la péninsule et de provoquer la chute de Bonaparte.

En réponse à ces propositions je lui ai dit : pour la première, que j'opérerais certainement contre Soult aussitôt que je serais prêt; pour la seconde, que je ne pouvais pousser les Portugais dans la voie qu'il indiquait sans courir le risque de leur laisser croire que j'étais indigne de leur confiance. *Il me donna alors un bon nombre de renseignements sur la force, la position et les plans de l'armée,* ainsi que sur l'irritation sans cesse grandissante contre Soult (1) :

---

(1) « He then gave me a good deal of information respecting the strength, the position and the plans of the enemy, and of the detestation of Soult generally prevailing in the army... »
Voilà qui serait grave, si l'on ne songeait qu'un simple capitaine, cantonné hors d'Oporto, ne pouvait fournir que de vagues indications sur nos quartiers, et surtout sur les intentions du commandement et de l'état-major général.

ce qui m'était confirmé par..., qui était venu avec lui. *Je le renvoyai sans lui rien laisser voir de nos troupes et sans lui rien faire connaître de notre effectif et de nos cantonnements.* Etc. (1). »

Ce qu'il entrevit pourtant suffit à Argenton pour l'éclairer sur le danger que courait le 2ᵉ corps. Il lui fut impossible de s'en taire lorsqu'il rejoignit nos avant-postes : ce qui le perdit. On avouera que s'il n'avait cherché dans cette aventure que son intérêt personnel, qu'on n'aperçoit pas, il se montrait bien maladroit. Il y avait donc autre chose.

Le 8 mai, à Oporto, vers midi, le général Lefebvre sortait de chez lui pour monter à cheval. (Il logeait, dit Argenton, avec une comédienne : ce qui, avec la tenue de Loison, escorté de ses danseuses, avec les conciliabules des chefs et les absences d'Argenton, donne une idée du laisser-aller toléré par Soult.) Il fut tout surpris de trouver devant sa porte Argenton en chapeau rond et en redingote brune. Après quelques phrases sur le plaisir de le revoir, car il s'était inquiété de son ancien aide-de-camp, il lui annonça qu'il se portait en avant avec sa division (la 2ᵉ, commandée par Mermet).

« — Vous n'irez pas loin, répliqua le capitaine. — Et pourquoi ? — Les Anglais vous en empêcheront. — Bah ! Depuis si longtemps qu'on en parle, nous

---

(1) *Correspondance de Wellington.*

verrons s'il y en a. — N'en doutez pas. — Comment le savez-vous? — Je les ai vus. — Quand? — Il n'y a pas deux jours. — Où? — A Lisbonne et à Coïmbre. — Vous y êtes donc allé? — Oui. — En vertu de quel ordre? — Je n'en avais pas besoin. — Malheureux, qu'avez-vous fait? — Mais rien que tout le monde ne doive faire. Comment n'êtes-vous pas instruit du plan? — Je ne connais aucun plan, mais voyons.

— J'ai été deux fois à Lisbonne et à Coïmbre depuis quinze jours. J'ai parlé aux généraux anglais Wellesley et Beresford. Il s'agit d'obliger le corps d'armée à déclarer qu'il regarde la guerre en Espagne et en Portugal comme injuste, de s'entendre avec les Anglais, marcher avec eux en Espagne, forcer les autres corps d'armée à se déclarer également, se diriger avec eux sur la France, s'arrêter au-delà des Pyrénées; alors, *de concert avec les autres armées d'Italie et d'Allemagne, détrôner Bonaparte dont l'ambition est cause de nos malheurs, et mettre Moreau à sa place.*

— Cette entreprise est immense ! Où sont vos moyens ? Avez-vous mis le maréchal Soult dans la confidence ?

— Non, mais quand il verra que toute son armée s'est déclarée, il ne peut manquer d'être entraîné.

— Ne connaissez-vous pas son caractère, son dévouement à l'Empereur, sa fidélité ?

— Ce sont des mots. On lui fera des propositions et il sera séduit par la beauté du sort qu'on lui assurera. D'ailleurs, s'il refuse et fait l'entêté, il sera arrêté et l'on en mettra un autre pour commander. »

La conversation continua sur ce ton. Le capitaine cita plusieurs généraux, des colonels qui entraient dans ce plan, et réclama le secret.

Lefebvre le promit et s'éloigna. Chemin faisant, il fut obsédé par ce qu'il venait d'apprendre, mit pied à terre, attacha son cheval, s'assit dans un champ et réfléchit à toute cette histoire qui lui parut énorme. Si bien que le soir même, vers onze heures, il courut chez le maréchal, auquel il raconta tout (1).

« Je ne puis exprimer, écrit Soult à l'Empereur, ce que j'éprouvai pendant ce récit. » Il ordonna aussitôt d'arrêter Argenton, et se le fit amener.

« Lorsqu'il se présenta, il fut interdit de voir chez moi le général Lefebvre, et hésita à répondre. Mais le général le rassura en lui disant qu'il m'avait tout révélé et que peut-être il obtiendrait sa grâce s'il faisait un aveu franc et sincère. Je le rassurai aussi : *enfin le monstre ouvrit son âme atroce*, et me répéta ce qu'il avait dit au général Lefebvre; mais il y mit une telle assurance et un tel sang-froid que j'en restai anéanti.

« Selon lui, ce n'était pas une conspiration, mais

(1) Déposition de Lefebvre.

une noble entreprise, du succès de laquelle il se croyait sûr, disant : que je serais attaqué dans deux jours ; qu'il avait vu et compté les régiments anglais, qu'ils formaient 30.000 hommes ; que je me faisais illusion sur le mécontentement de toutes les troupes de l'armée, ainsi que sur ce qui se passait en Espagne, en Italie, en Allemagne et même en France, etc. (1) »

Argenton refusa de dénoncer ses complices et fut conduit en prison. Soult chargea le lieutenant de gendarmerie Bernon de l'aller voir et de gagner sa confiance. Argenton promit de tout dévoiler si on lui donnait l'assurance que ceux qui étaient impliqués dans l'affaire auraient l'honneur et la vie saufs.

Alors, en présence du général Ricard et de Bernon, il répéta à Soult ce qu'il avait dit dans la nuit, *ajoutant qu'il n'était qu'un agent ;* que, parmi les chefs, il ne connaissait que le colonel Laffite, du 18º dragons, son commandant, qui, seul, lui avait donné des ordres et fait *depuis longtemps* des ouvertures à ce sujet ; que, dans la conversation, le colonel Laffite lui avait dit plusieurs fois que le succès était infaillible ; que c'était la plus belle chose du monde ; que le même colonel lui avait cité les généraux Loison, Delaborde, Merle, Arnaud, Debelle, et même Lefebvre ; que c'était pour cela qu'il s'était livré à ce der-

---

(1) Lettre de Soult à l'Empereur. (De Lugo, 24 mai 1809.) Arch. de la guerre.

nier; les colonels Donnadieu, Girardin, Méjean, et enfin beaucoup d'autres généraux et colonels dont il ne se rappelait plus les noms, mais qu'il avait toujours cru que c'était la plus grande partie de ceux du corps d'armée.

Soult fut en proie à une vive perplexité. Il fit appeler les généraux et les colonels désignés.

« Tous, écrit-il, furent révoltés de cette œuvre infernale; jurèrent de leur fidélité à Votre Majesté, et de n'avoir jamais eu ni reçu le moindre indice sur un pareil complot; protestèrent de la fidélité des troupes sous leurs ordres; parurent vivement affligés de se voir compromis par un traître que presque aucun ne connaissait, et enfin firent de telles démonstrations que je ne pus douter de leur innocence. Ils m'avouèrent cependant que la troupe était impatiente de recevoir des nouvelles *et un peu fatiguée de l'espèce de guerre qu'elle faisait*, quoiqu'elle fût toujours disposée, entièrement dévouée, et prête à faire tout ce qu'on lui commanderait. Les remarques que j'avais faites moi-même étaient conformes à cette déclaration (1). »

Comme Laffite, tout en protestant de sa fidélité, ne put justifier les absences d'Argenton, il fut arrêté lui-même. Mais vingt-quatre heures après, et sur sa demande, il fut remis à la tête de son régiment.

(1) Lettre à l'Empereur, du 24 mai.

Que la conspiration fût sérieuse ou sans fondement, Soult n'en était pas moins coupable. Si elle était sérieuse, il était coupable de ne pas l'avoir découverte ; sans fondement, il était coupable de ne pas s'être éclairé sur les mouvements des Anglais.

Il avait profité de son séjour à Oporto pour s'y établir solidement. Il n'avait pu empêcher Silveira et les Portugais de reprendre Chaves, dont la petite garnison française avait été égorgée, malgré la capitulation ; mais il l'avait arrêté dans la vallée du Tamego, et fait occuper Amarante par Loison. Il avait envoyé Franceschi sur la Vouga, dont le cours est parallèle à celui du Duero, et y avait assis nos postes avancés. Toutefois, dans sa préoccupation de surveiller l'embouchure du Duero, par où il craignait un débarquement des Anglais, il s'était trop peu inquiété de la concentration des ennemis du côté de Lisbonne.

L'inaction de Craddock avait contribué à le rassurer.

Aux troupes anglaises que commandait sir John Craddock étaient venues s'ajouter celles qui avaient pris part à la campagne de Galice, que la flotte avait débarquées à Lisbonne. Malgré ces renforts et malgré les excitations des Portugais, le général anglais ne se pressait pas de reprendre l'offensive. Il restait à Thomar, ce qui lui permettait de couvrir Lisbonne et de ne pas perdre de vue la vallée du Tage. Beresford lui ayant inspiré un peu d'initiative, il s'était mis en marche vers le nord, quand il reçut l'ordre de laisser le commandement à sir Arthur Wellesley et de se rendre à Gibraltar.

Wellesley, parti de Plymouth le 16 avril, arriva le 22 à Lisbonne. Il y fut accueilli avec enthousiasme et comme le libérateur attendu.

« La ville était illuminée, dit Vane (qui servait dans l'état-major général). On joua des pièces allégoriques au théâtre, dans lesquelles la Victoire, après l'avoir couronné de lauriers, lui adressait en termes emphatiques les louanges les plus outrées. » Il fut nommé maréchal-général des armées de Portugal, tandis que Beresford continuait d'être chargé de leur instruction.

Qu'allait-il faire ? Marcher contre Soult, ou contre Victor, qu'on savait chargé de pousser vers Lisbonne ? Marcher contre Soult, c'était dangereux ; c'était s'exposer à être coupé du Tage. Ce qu'il apprit de l'armée de Soult, par Argenton, le décida. Il envoya le général Mackenzie, avec deux brigades anglaises et 12.000 Portugais, à Santarem et à Abrantès pour surveiller la vallée du Tage, et il porta toute l'armée vers le nord, sur Coïmbre et le Mondego.

Il était à Coïmbre, le 2 mai. Il y fut reçu avec les mêmes transports qu'à Lisbonne, et disposa les troupes pour les opérations qu'il allait commencer. Elles avaient pour objet d'envelopper Soult ou de le forcer à une retraite désastreuse; car Soult devait avoir : en face de lui, l'armée anglaise ; à droite, la mer ; à gauche, Silveira et Beresford ; derrière, La Romana et les insurgés de la Galice. Tout étant prêt, il marcha contre Oporto.

Soult devina la plan de son adversaire et résolut de le déjouer, en évacuant Oporto avant d'être cerné et en regagnant l'Espagne par Mirandella, Bragance et Zamora. C'était pour cela que Loison, après avoir fait reculer Silveira, avait reçu l'ordre d'occuper fortement Amarante dont le pont était nécessaire. L'évacuation, fixée le 9 pour le 11, fut retardée jusqu'au 12, par la nécessité de réunir l'artillerie et de mettre les convois en route.

Il était trop tard. Le 10, l'armée anglaise était déjà sur la Vouga. La cavalerie anglaise et la division de Paget tombaient sur Franceschi par la route de Coïmbre, tandis qu'une autre division, sous Hill, débarquait sur la rive droite de la rivière. Franceschi, malgré ses efforts, fut ramené en arrière. Le 11, au matin, avec Mermet, il se concentrait dans le camp de Grijon et essayait d'arrêter les Anglais. Ce fut en vain ; il fallut battre en retraite jusqu'au faubourg de Villanova, et passer le Duero le soir même. Le pont fut rompu après le passage des troupes, et toutes les barques rassemblées sur la rive droite.

Pendant cette journée, Soult avait tout préparé

dans la ville pour la retraite. On pouvait se croire en sûreté jusqu'au lendemain. Pas du tout. Wellington, par un hardi coup de main, traversa le Duero devant nous, sans obstacle, sur deux points à la fois. On ne s'aperçut de la présence des Anglais qu'à dix heures du matin, quand ils étaient maîtres d'une partie de la ville.

Il faut avouer qu'il se passa des choses singulières. La conspiration allait toujours, en dépit des belles assurances prodiguées au maréchal. Les ordres de Soult étaient mal compris ou négligés; on lui transmettait de faux rapports sur leur exécution, etc. Un exemple, entre autres. A sept heures du matin, le bruit se répand que les Anglais sont en train de passer le Duero. Soult envoie le général Quesnel s'en assurer. Quesnel va, revient, et déclare *qu'il n'a rien vu.* Et le passage continue.

C'est Foy, cet admirable soldat qui devait être un grand citoyen, c'est Foy toujours dévoué et irréprochable comme Drouot, qui aperçoit le premier les habits rouges. Avec une poignée d'hommes, il se jette au devant d'eux. Delaborde accourt et soutient l'attaque. C'est inutile. Les Anglais débouchent de tous côtés : ils emplissent les rues, ils nous pressent, ils vont nous entourer. Il faut partir. Soult laisse le déjeûner préparé chez Viana, et que les ennemis trouvèrent tout servi, monte à cheval, et s'ouvre passage le sabre à la main, avec une escorte de chasseurs.

Mais les malades des hôpitaux, les blessés, les convalescents ? On les abandonne à la générosité des Anglais. Et toute l'armée se précipite sur la route de Baltar.

Voilà comment nous avons quitté Oporto, le 12 mai 1809.

Rassurez-vous, cependant ; le soldat français va se retrouver bientôt. L'historien anglais Napier le constate avec sa précision et sa loyauté habituelles : « Les vieilles bandes de Napoléon, dit-il, étaient si expérimentées, si endurcies à la guerre qu'elles se remettaient plus facilement d'une suprise qu'aucune autre troupe. Aussi, avant qu'elles eussent atteint Vallongo, l'ordre était rétabli dans leur colonne et une arrière-garde couvrait la retraite (1). »

On campa le soir à Baltar, où on se reposa des émotions de la journée. Elles n'avaient pas fait oublier Argenton. Il était gardé par la gendarmerie et 25 hommes du 70ᵉ de ligne. Mais le lendemain, soit négligence, soit connivence, il s'évada. Nous le retrouverons.

Tout l'espoir de Soult reposait sur le pont d'Amarante qu'il croyait aux mains de Loison, avec la 4ᵉ division, la brigade Sarrut, et deux régiments de dragons (17ᵉ et 27ᵉ); en tout environ 5.600 hommes. Mais on apprit le 13 au matin, à Peñafiel, que Loison

(1) *Guerre de la Péninsule*, t. III, l. 7.

avait quitté Amarante dans la nuit, sans que les instances du colonel Tholozé, envoyé par Soult, ni que la nouvelle de l'évacuation d'Oporto eussent pu le retenir. Ce départ sembla inexplicable. Loison a prétendu qu'il craignait d'être coupé de Soult par Silveira et Beresford ; en attendant, il nous laissait fermer la route de Bragance.

D'un autre côté, pour reprendre la route directe d'Oporto à Tuy par Braga, il fallait redescendre près d'Oporto; or, pendant ce temps, Silveira pouvait nous barrer le chemin de Braga, tandis que Wellington nous attaquerait par derrière. C'était recommencer Baylen.

Les troupes tombèrent dans un profond découragement. Elles étaient harassées; il faisait, avec cela, un temps affreux. Elles parlaient de capituler. Mais c'est alors que Soult se ressaisit lui-même, et que le candidat maladroit au trône de Lusitanie laissa la place à l'homme de guerre si justement estimé par Napoléon.

Ayant appris d'un colporteur espagnol qu'en remontant la rive droite de la Souza (petit affluent du Duero qui passe à Peñafiel) on trouverait un sentier conduisant à Guimaraens par la sierra de Catalina, il fit détruire l'artillerie, abandonna les bagages, partagea entre les troupes la caisse de l'armée, et par des chemins tortueux, au milieu du brouillard, sous la pluie, s'engagea dans la montagne.

On arriva le soir à Guimaraens. On y trouva Loison, et les dragons de la division Lorge, qui avaient évacué Braga, rallièrent dans la nuit. Contre toute espérance, l'armée se retrouvait réunie. On détruisit l'artillerie de Loison et de Lorge, et on se remit en route le 14.

Au lieu de gagner Braga, où on risquait de se heurter aux Anglais, on en laissa le chemin à gauche, et on continua la retraite dans la montagne par Carvalho d'Este, Pavoa de Linosa, où on coucha le 14 ; par Salamonde (le 15) ; par Paradella (le 16). Ce ne fut pas sans difficultés.

Les mécontents recommençaient à murmurer. A leur tête Loison, qui déclarait tout haut « qu'il fallait traiter avec les Anglais, comme à Cintra ». Soult, au départ de Guimaraens, l'avait mis à l'avant-garde pour être sûr de lui, et prit en personne le commandement de l'arrière.

Il fallait absolument passer par le pont du Cavado à Puente-Novo, et il était gardé par les paysans et les Portugais. Un audacieux coup de main du major Dulong, du 31e, avec cent hommes d'élite, nous le livra. Il était temps. Notre arrière-garde fut atteinte, à Salamonde, par la division anglaise de Sherbrook.

Ce contact avec les Anglais provoqua des scènes étonnantes.

« Oserai-je le redire à Votre Majesté, écrivait Donnadieu quelques mois après. Des régiments entiers formant l'arrière-garde de l'armée, à la vue de l'ennemi, crièrent : *Vive Georges III ! vivent les Anglais !* et à ces infâmes cris jetèrent leurs armes, leurs sacs, et, se sauvant à toutes jambes, laissèrent de la sorte toute l'armée à découvert. Oui, Sire, cet exécrable événement, sans exemple dans les armes de France, comme peut-être dans celle d'aucun peuple, est arrivé à l'embranchement des chemins qui conduisent l'un à Montalegre, l'autre à Chaves... (1). »

En même temps, les paysans nous harcelaient sur les flancs et assassinaient les traînards. Nous répondions en fusillant tout ce qui nous tombait entre les mains et en brûlant les villages. Le ciel était obscurci dans le jour par des colonnes de fumée ; la nuit, éclairé par la flamme des incendies.

On était à Montalegre, le 17 mai ; le 18, à Allariz, où on franchit la frontière. Le 19 et le 20, à Orense, repos bien gagné. Le 21, on repartit pour Lugo, par Chantada et Guntin. On y arriva le 23.

La place où Fournier-Sarlovèze, avec deux bataillons du 69º, un du 76º et le 15º dragons, était assiégé par les Espagnols et résistait avec beaucoup de vigueur, fut délivrée par cette intervention inattendue. Les soldats s'embrassèrent. Ainsi finit, par un succès, cette retraite du Portugal, si mal commencée mais si

(1) Lettre de Donnadieu à l'Empereur, du 4 octobre 1809. Arch. de la guerre (Corresp. générale).

énergiquement conduite, et qui forme la contre-partie de celle des Anglais en Galice. En douze jours, par des chemins à peine praticables, au prix d'énormes fatigues, le 2ᵉ corps avait franchi les 80 lieues qui séparent Oporto de Lugo. Mais il laissait dans le Portugal 7.000 hommes, dont plus des deux tiers avaient été égorgés par l'ennemi (1).

Dès le lendemain de son arrivée à Lugo, Soult écrivit à l'Empereur, alors en Autriche, pour l'instruire des événements, et particulièrement de l'affaire Argenton. Il l'avait déjà signalée dans une lettre d'Oporto (11 mai) qui fut perdue.

De Lugo, 24 mai.

J'ai l'honneur de mettre sous les yeux de Votre Majesté un commencement d'instruction de procédure et diverses pièces relatives au complot le plus affreux et à l'intrigue la plus odieuse qui jamais ait existé.

Le maréchal raconte ce que vint lui apprendre

(1) Pour cet épisode militaire dont je n'avais qu'à retracer les lignes principales, voir, avec le rapport général de Soult et les documents manuscrits, de nombreux imprimés : Lenoble, Naylies, de Illens, le livre du général Sarrazin qui, pour émaner d'un triste personnage, n'en est pas moins intéressant : *Histoire de la guerre d'Espagne et de Portugal*, 8°, 1814, et le curieux *Aperçu nouveau sur les campagnes des Français en Portugal*, en 1807, jusqu'en 1811. (Anonyme, Paris, in-8, 1818.)

Voir également Napier, Vane, la correspondance de Wellington et Brialmont.

Thiers, prévenu contre Soult, est pour cette retraite d'une sévérité déplacée. Tous les hommes du métier, et les Anglais les premiers, ont accordé au maréchal de justes éloges.

Lefebvre dans la soirée du 8 au 9, et ce que nous connaissons déjà ; comment il fit venir Argenton, puis les généraux et les officiers par lui désignés. Sur ces entrefaites, eut lieu la surprise, puis vint la retraite.

D'après ce récit, Votre Majesté est à même de juger de l'affreuse situation où je me suis trouvé. D'un côté, le soupçon de trahison répandu sur des généraux et des colonels dont le mérite et le dévouement sont reconnus, dont la fidélité ne peut être soupçonnée ; qui, pour la plupart, signalaient leur courage devant l'ennemi au même instant qu'on les accusait ; d'autre part, un aveu aussi positif que celui du traître Argenton et les preuves matérielles du plus odieux des forfaits ; entouré d'ennemis, obligé de faire une retraite et de me servir des mêmes personnes... Certes, jamais chef militaire ne s'est trouvé en pareille situation, et j'ai senti avec une peine inexprimable tout ce que la mienne avait d'épouvantable, etc...

Que penser cependant de cette conspiration ? Soult n'y voit qu'une *intrigue anglaise.*

Malgré la déclaration du traître Argenton, je ne puis croire encore qu'il y ait eu conjuration ; car je n'entrevois ni les chefs qui le faisaient agir, ni les moyens des conjurés, ni la possibilité de parvenir au but qu'ils devaient naturellement se proposer. *Je ne vois donc dans tout cela qu'une intrigue anglaise* qui a pour objet d'enlever la confiance des troupes à leurs chefs et de les porter au murmure et au découragement (1).

Nous savons ce que vaut cette supposition.

Il écrivit une nouvelle lettre quelques jours après.

(1) Archives de la Guerre. Espagne. *Correspondance de Soult.*

Il y annonçait l'envoi au vice-connétable (Berthier) et au ministre de la guerre (Clarke) du rapport général de ses opérations en Portugal, depuis son départ de la Corogne jusqu'à son arrivée à Lugo. Il insistait sur les difficultés qu'il avait rencontrées, auxquelles on était si loin de s'attendre, et maintenant qu'il était en règle avec l'affaire Argenton, il s'expliquait sur ce qu'il avait cru devoir faire lui-même à Oporto. Or, ce qu'il avait fait n'avait pas en vue son intérêt personnel ; ce n'était, suivant lui, qu'un moyen de désarmer le pays et de servir plus utilement la politique de l'Empereur.

L'anarchie avait fait un grand nombre de mécontents qui vinrent s'offrir lorsque leurs tyrans furent éloignés ; je les accueillis et les favorisai ; dans peu, eux-mêmes me proposèrent de porter le peuple à déclarer que la maison de Bragance était déchue du trône et que V. M. serait suppliée de désigner un prince de sa Maison à son choix pour régner en Portugal sous sa suprême protection.

Je n'avais à ce sujet aucun ordre de V. M., mais ma situation devenait de jour en jour plus critique, et je pensai qu'elle s'améliorerait si j'y intéressais une partie de la nation. Ainsi, j'approuvai que des registres fussent ouverts dans toutes les communes pour que le peuple pût librement émettre son vœu. Il ne se passa pas quinze jours que toutes les villes de la province du Minho et celles de la basse Beïra se fussent prononcées, et de nombreuses députations vinrent me présenter solennellement les actes de leurs commettants, auxquelles étaient apposées plus de 30.000 signatures. Je les reçus au nom de V. M. et j'annonçai que je les porterais au pied de son trône en la suppliant de les prendre en considération, ne doutant pas que V. M. n'y eût égard lorsqu'elle verrait que c'est le vœu de la nation tout entière.

Sa renommée pouvait souffrir de l'aventure; mais il sait que l'Empereur a une pleine confiance en lui, et il n'a jamais cessé de la mériter.

Je ne me dissimulais pas non plus que les ennemis de tout ce qui est bien, et peut-être les miens propres, qui n'auront pu entrer dans ces vues et se seront fait illusion sur ma vraie situation, pouvaient chercher à dénaturer mes opérations et présenter ce que j'ai fait sous un jour déplorable. Mais cette considération était trop secondaire pour qu'elle pût m'arrêter : je m'élevai au-dessus et je m'abandonnai entièrement à la justice de V. M. Elle sait que je n'ai jamais eu d'autre désir que de lui plaire et que mon ambition s'est toujours bornée à la servir mieux qu'aucun autre de ses sujets (1).

Ces raisons ne parurent pas décisives à Napoléon, et ces protestations de dévouement n'apaisèrent pas sa juste colère.

« Il parvint jusqu'à Schoenbrünn, dit Savary, des bruits tendant à faire croire qu'il se serait passé des choses extraordinaires dans le Portugal, dont on supposait que le maréchal Soult voulait usurper la souveraineté. Il est certain qu'on a fait là-dessus mille versions.

(1) *Correspondance d'Espagne*, 1809. Maréchal Soult. Arch. de la guerre.

« L'Empereur traita tout cela de folie : *il en rit beaucoup*. Néanmoins il écrivit au maréchal Soult qu'il ne conservait que le souvenir d'Austerlitz. Il fit approfondir cette affaire *dont on ne connut jamais bien le fond*. Lui seul put en avoir une opinion motivée, mais je ne l'ai jamais entendu parler sur ce sujet (1). »

Que l'Empereur ait ri beaucoup, on en peut douter devant la lettre qu'il écrivit à Soult, et dans laquelle les reproches du souverain s'alliaient aux observations de l'homme de guerre. Cette lettre est remarquable. Elle vaut d'être citée tout entière.

De Schœnbrünn, le 26 septembre 1809.

AU MARÉCHAL SOULT A PLASENCIA,

Mon cousin, j'ai été mécontent de votre conduite. Mon mécontentement est fondé sur cette phrase de la circulaire de votre chef d'état-major : « Le duc de Dalmatie serait prié de prendre les rênes du gouvernement, de représenter le souverain, et de se revêtir de toutes les attributions de l'autorité suprême jusqu'à l'entière soumission du royaume. »

C'eût été un crime qui m'eût obligé, quelque affection que je vous porte, à vous considérer comme criminel de lèse-majesté et coupable d'avoir attenté à mon autorité, si vous vous fussiez attribué le pouvoir suprême de votre propre mouvement. Comment auriez-vous oublié que le pouvoir que vous exerciez sur les Portugais dérivait du commandement que je vous ai confié, et non du jeu des

(1) *Mémoires du duc de Rovigo*, t. IV, ch. 15.

passions et de l'intrigue? Comment, avec les talents que vous avez, auriez-vous pu penser que je consentisse jamais à vous laisser exercer aucune autorité, sans que vous la tinssiez de moi? Il y a dans cela un oubli des principes, une méconnaissance de mon caractère et des sentiments et de l'orgueil de la nation que je ne puis concilier avec l'idée que j'ai de vous. C'est avec ces fausses démarches que le mécontentement s'est accru et qu'on a pensé que vous travailliez pour vous et non pour moi et pour la France. Vous avez sapé le fondement de votre autorité, *car il serait difficile de dire si, après la circulaire émanée de vous, un Français qui eût cessé de vous obéir eût été coupable.*

Dans votre expédition, j'ai été fâché de vous voir vous enfourner sur Oporto sans avoir détruit la Romana, de vous voir rester si longtemps à Oporto sans rouvrir vos communications avec Zamora, marcher sur Lisbonne ou prendre un parti quelconque. J'ai vu avec peine que vous vous fussiez laissé surprendre à Oporto et que mon armée, sans combattre, se fût sauvée presque sans artillerie et sans bagages.

Toutefois, après avoir hésité longtemps sur le parti que je devais prendre, l'attachement que j'ai pour vous et le souvenir des services que vous m'avez rendus à Austerlitz et dans d'autres circonstances m'ont décidé. J'oublie le passé; j'espère qu'il vous servira de règle, et je vous confie le poste de major général de mon armée d'Espagne. Le Roi n'ayant pas l'expérience de la guerre, mon intention est que, jusqu'à mon arrivée, vous me répondiez des événements. Je veux moi-même entrer le plus tôt possible à Lisbonne (1).

Avant d'obtenir, avec son pardon, cette haute marque de la confiance impériale, Soult avait déjà reçu

(1) *Correspondance de Napoléon*, t. XIX.

le commandement des trois corps de l'armée d'Espagne (2º, 5º, 6º).

Il venait alors de se séparer du maréchal Ney, dont le concours lui avait été précieux pour ravitailler ses troupes. Il avait quitté la Galice et il était parvenu à Zamora. Il répondit au ministre de la guerre par la lettre suivante où il appréciait les services des généraux qu'il avait employés durant sa courte et infructueuse expédition :

Au ministre de la guerre

Zamora, le 3 juillet 1809.

J'ai l'honneur d'accuser réception à Votre Excellence de l'ordre qu'elle m'a adressé le 18 juin dernier, lequel me fait connaître que l'intention de l'Empereur est que les 2º, 5º et 6º corps soient réunis en une seule armée et que S. M. a jugé à propos de m'en confier le commandement.

Je suis extrêmement honoré de cette marque de confiance de notre auguste souverain ; mais je ne sais si je serai assez fort pour remplir la tâche qui m'est imposée. J'y consacrerai tous mes moyens, et si je n'ai pas le bonheur de réussir, au moins j'aurai fait tout ce qui sera en mon pouvoir pour y parvenir.

Suit l'exposé de diverses mesures relatives à la Galice ; puis viennent des notes décernées aux généraux.

Votre Excellence trouvera, dans la même correspondance, des observations relatives aux généraux de corps d'armée, notamment aux généraux *Lahoussaye* et *Mermet*, qui, dans le cours de la campagne, ont fait plusieurs fautes militaires et que je croirais mieux placés partout ailleurs...

Le général *Delaborde*, qui est toujours très souffrant, m'avait demandé à Lugo de pouvoir aller prendre les eaux dont l'usage lui est indispensable. Alors je m'y opposai : s'il renouvelle sa demande, je lui accorderai d'autant plus que j'ai remarqué en lui du mécontentement et de l'humeur. Je n'ai pourtant qu'à me louer de son zèle, de son exactitude et de la manière distinguée dont il a servi.

Le général *Loison* a eu aussi de l'humeur et j'aurais aussi plusieurs fois désiré qu'il eût une autre destination que satisfît mieux son ambition. Cependant il a parfaitement fait tout ce qui lui a été ordonné et j'en ferai l'éloge ainsi que de ses moyens (1).

Le général *Merle* a eu de la lassitude et il n'a pas été le même en revenant qu'en allant. Je n'ai attribué cela qu'à la faiblesse du caractère ; car il est obéissant, brave, et dévoué à l'Empereur. Il tient bien aussi sa troupe. Quelques jours de repos, la réunion des masses et les dispositions qui seront faites le rendront ce qu'il a été.

J'ai eu constamment à me louer du général *Heudelet*. J'ai vivement regretté que sa division fût aussi faible.

Le général *Dulauloy* a bien fait tout ce qu'on pouvait attendre de lui.

J'ai toujours été content des généraux de brigade. Le général *Thomières* seulement est extrêmement faible. Les généraux *Ferrey*, *Sarrut*, *Foy* et *Arnaud* se sont conduits au-dessus de tout éloge.

J'ai demandé depuis longtemps le grade de divisionnaire pour les généraux *Ferrey* et *Sarrut* : ils le méritent.

(1) On remarquera que les généraux Loison et Delaborde, auxquels Soult reproche « de l'humeur », avaient fait partie de l'expédition Junot, et passaient pour les chefs du mouvement d'Oporto.

Ce sont des officiers propres à commander, qui ont un caractère qui convient aux circonstances. Je supplie V. E. de remettre ma demande sous les yeux de Sa Majesté (1).

Le rapport général a été envoyé à S. A. le prince vice-connétable.

J'ai chargé le général *Soult* (son frère) du commandement de la cavalerie légère en remplacement du général *Franceschi*. J'espère qu'il s'en acquittera bien...

Le Maréchal, duc de Dalmatie (2). »

Ce petit rapport, avec ses *satisfecit*, peut servir de conclusion au chapitre.

Les trois expéditions de Portugal : celle de Junot en 1807, celle de Soult en 1809, celle de Masséna en 1810-1811, forment l'épisode le plus intéressant de la guerre d'Espagne. Chacune d'elles a son caractère distinct. On vient de voir l'intérêt tout particulier qui s'attache à la seconde, et qu'on ne soupçonne guère.

---

(1) Le général *Sarrut* justifiait particulièrement cette bonne opinion du maréchal.

Ariégeois, comme Laffite et Argenton (il était né à Saverdun, en 1764), Sarrut était destiné à l'état ecclésiastique. Il préféra l'armée. Sous-officier au moment de la Révolution, il fut nommé capitaine en 1792, et servit dans les armées du Nord et du Rhin, sous Moreau.

Général de brigade en 1800, on le voit à l'armée de Brest, en 1803, protéger la côte par d'habiles travaux de défense. Après avoir fait les campagnes de 1805 et de 1807, il fut employé en Espagne, avec son zèle et sa valeur habituels. Il fut enfin promu divisionnaire.

Blessé mortellement à la bataille de Vittoria, le 20 juin 1813, Sarrut fut regretté de toute l'armée, et emporta l'estime des Anglais eux-mêmes.

(2) Arch. Nat. AF. D. 619.

CHAPITRE VI

Le procès Argenton

Pendant que le 2ᵉ corps évacuait le Portugal et regagnait la Galice, le capitaine Argenton courait de nouvelles aventures.

Il n'avait quitté nos rangs, le 13 mai, que pour tomber dans un parti de Portugais qui faillirent le massacrer. Il parvint à leur échapper et rejoignit les Anglais à Oporto.

Il raconta à Wellington son arrestation et sa fuite. Il exprima ensuite le désir de rentrer secrètement en France et de faire venir sa femme en Angleterre, ayant, disait-il, une petite aisance qui leur permettrait d'attendre des jours meilleurs (*to live in England till the arrival of better times in France*) (1).

Wellington l'adressa à sir John Villiers, ministre d'Angleterre à Lisbonne. Celui-ci le chargea de lettres pour plusieurs personnes d'Angleterre, notamment pour Canning, et l'embarqua pour Plymouth. De

(1) Wellington à Castlereagh. De Villanova, 15 mai 1809.

Plymouth, Argenton gagna Londres, où il s'acquitta de ses commissions, et parut pressé de revenir en France.

Déposé par un bateau anglais sur la côte de Calais, le 27 juin, il fut d'abord arrêté par les douaniers, et relâché. Il se rendit à Boulogne, où il fut arrêté encore une fois, et conduit devant le gouverneur militaire, le général de Sainte-Suzanne, sénateur. Il se donna d'abord comme un capitaine *Dessort*, du 18e dragons, fait prisonnier à la bataille de la Corogne. Il en fournissait comme preuve un cartel d'échange, signé du général Ricard, et qu'il avait fabriqué lui-même. Puis, brusquement, il se décida à tout avouer. Il fut alors signalé à la police et à la gendarmerie, conduit en poste à Paris, et enfermé à Vincennes, où il resta plusieurs semaines au secret. De là, il fut transféré à l'Abbaye, où eurent lieu les premières interrogations, à la fin de septembre.

Les colonels Laffite et Donnadieu, de retour d'Espagne, avaient été arrêtés également, dans le courant de septembre, et incarcérés à l'Abbaye.

Dans une lettre envoyée de Munich, le 21 octobre, Napoléon ordonna au ministre de la guerre de traduire Argenton devant une commission militaire. Cette commission fut nommée le 14 novembre par le général Hullin, gouverneur de Paris, commandant la 1re division militaire, et composée de la façon suivante :

Baron de BAZANCOURT, général de brigade, président. Bazancourt, colonel en 1804, avait fait partie de la commission qui jugea le duc d'Enghien.

VAUGRIGNEUSE, colonel commandant le 1ᵉʳ régiment de la garde de Paris (1).

MARAN, major du 15ᵉ régiment d'infanterie légère.

LEFRANC, chef de bataillon au 1ᵉʳ régiment de la garde de Paris.

PAPILLON, colonel, capitaine à la 10ᵉ demi-brigade de vétérans.

THOMAS, capitaine au 1ᵉʳ régiment de la garde.

BERTRAND, capitaine à la 1ʳᵉ demi-brigade de vétérans, rapporteur.

L'instruction fut rapidement conduite. Nous en possédons tout le dossier avec les pièces à conviction (2).

---

(1) *La garde de Paris*, organisée sous le gouvernement consulaire, formait alors deux régiments qui comptaient ensemble un peu plus de 2.000 hommes. L'un de ces régiments était habillé de vert, l'autre de rouge, ce qui lui valait le surnom d'*écrevisses*, auprès des gamins de Paris. (Cf. *Souvenirs* de Parquin.)

La garde de Paris, bien que réservée à la police de la capitale, servait cependant au dehors. On en voit des compagnies en Allemagne, en 1807 ; et plus tard en Espagne. Elle fut licenciée après l'affaire Malet.

Les demi-brigades de *vétérans* étaient chargées de la garde des postes, des barrières et des établissements militaires.

(2) Archives Nationales, F. 7, D. 6537.

Parmi ces pièces, on peut citer comme les plus intéressantes : les déclarations du général Lefebvre, de Favre, aide de camp du général ; du lieutenant de gendarmerie Bernon ; les deux passe-

Dès le 20 novembre, Bertrand alla recueillir à l'Abbaye les dépositions de Laffite et de Donnadieu.

Laffite dit qu'il était cantonné à Pénafiel quand il vint dans le courant d'avril à Oporto, pour affaire de service avec Argenton. Celui-ci en profita pour s'absenter plusieurs jours. Lorsqu'il revint, il allégua qu'il avait fait une partie de campagne avec une femme. Il avait alors de l'argent dont la provenance parut suspecte. Laffite le mit aux arrêts et ne s'occupa plus de l'affaire jusqu'au 9 mai, jour où il fut appelé chez le maréchal et, après explication, arrêté, ainsi que son jeune frère, sous-lieutenant dans son régiment, et Argenton. Relâché pendant la retraite, il fut arrêté de nouveau, lors de son retour.

---

ports anglais, signés de l'amiral Berkeley : le faux cartel d'échange, au nom de *Dessort*, délivré au camp d'Ovar, le 28 avril 1809, et signé Ricard (on y reconnaît aisément l'écriture d'Argenton) ; plusieurs lettres d'Argenton ; plusieurs lettres de Mme Argenton à son mari. Elles sont datées de Tours, adressées à l'armée d'Espagne, et signées : « Amélie Bussière, femme Argenton ». Elles trahissent plus d'affection que d'orthographe. A citer encore plusieurs rapports de police envoyés de Boulogne, par l'inspecteur Duvilliers du Terrage, et quelques dépêches télégraphiques signées de Chappe.

Une autre liasse contient tout le dossier de la procédure (dépositions, interrogatoires, etc.), et enfin le compte-rendu du procès. « *Procès instruit par la commission militaire contre Argenton, capitaine au 18e régiment de dragons, le 21 décembre 1809*. Recueilli littéralement à l'audience par J.-B.-J. *Breton*, sténographe. » Transmis à l'Empereur le 30.

L'édition originale est dans les cartons de la guerre. C'est celle-là dont je me suis suivi. L'exemplaire des Arch. Nat. n'est qu'une copie.

Interrogé sur l'existence d'un « comité », Laffite répondit :

« Je n'ai jamais eu connaissance d'aucun comité. Je n'ai fait partie d'aucune association séditieuse et par conséquent je n'ai pu donner, ni n'ai donné d'ordres verbaux ou écrits à Argenton. » — Cependant, d'où vient qu'Argenton déclare qu'il n'a rien connu que par votre intermédiaire ?

Laffite contesta encore cette déclaration, et ajouta : « A Lugo, après la retraite du Portugal, je me présentai chez Mgr le duc de Dalmatie, et lui demandai quels étaient les motifs de mon arrestation à Oporto. Il me dit que j'avais été impliqué dans une conspiration des généraux *Loison*, *Laborde* (sic), *Merle* et autres, et que je pouvais m'adresser à son chef d'état-major, si je voulais obtenir de plus amples renseignements. Je m'y rendis, mais cet officier supérieur m'ayant dit : *tranquillisez-vous, tout s'arrangera;* et ne pouvant d'ailleurs croire à cette prétendue conspiration dont toute l'armée parlait en riant et de laquelle MM. Loison, Laborde et autres ne paraissaient faire aucun cas, je crus devoir garder le silence et ne plus m'en occuper. » (Déposition de Laffite, 20 novembre.)

Donnadieu déclara n'avoir connu Argenton qu'en dînant avec lui chez Laffite et en le recevant à son tour. Il n'avait pas eu soupçon de ses voyages, et il n'avait jamais entendu parlé d'aucun *comité*. On lui posa ensuite quelques questions sur Viana.

Argenton fut confronté le 29 novembre avec Laffite, et le lendemain avec Donnadieu. A ses assertions, tous les deux opposèrent une dénégation absolue, pour s'en tenir aux termes de leur déposition.

On invoqua ensuite le témoignage des généraux Ricard et Lefèbvre.

Ricard (Étienne-Pierre-Silvestre), général de brigade, 38 ans; né à Castres (1), domicilié à Toulouse, « logé à Paris, à l'*Hôtel des Milords*, rue du Mail, » fut interrogé le 13 décembre.

Il déclara d'abord que Soult fit venir les généraux Merle et Delaborde qui se défendirent d'appartenir à aucun comité; puis les colonels Mejean et Donnadieu, qui firent la même réponse; enfin Argenton, qui répéta devant Ricard tout ce qu'il venait de raconter à Lefebvre. Il est regrettable que le maréchal n'ait pas fait consigner immédiatement devant ces témoins le récit même d'Argenton, au lieu de s'en remettre au rapport du lieutenant Bernon sur les aveux du pré-

---

(1) Ricard était né en 1771 et mourut en 1843. Soldat sous l'ancienne monarchie, il fut sous-lieutenant en 1791, fit les campagnes de la Révolution, et il était général de brigade en 1806. On connaît son rôle en 1809.

Un moment disgracié, il servit en 1812, et devint divisionnaire après la Moskowa. Il adhéra à la Restauration, et commanda à Toulouse. Pendant les Cent Jours, il suivit Louis XVIII à Gand. Pair de France en 1815, il commanda encore à Toulouse (10ᵉ division militaire) et prit sa retraite en 1821.

venu. Argenton, en effet, dans la nuit du 8 au 9 mai, leur donna une exagération qu'il se refusa toujours à reconnaître plus tard.

Il y a des détails curieux dans cet interrogatoire de Ricard.

Bertrand lui demanda : « Avez-vous eu connaissance, directement ou indirectement, du désir que le maréchal a manifesté de se faire élire roi de Portugal ? *Ce fait étant établi par différentes déclarations.* Expliquez-vous, je vous prie, sur ce qui fait l'objet de cette question. — Je n'ai jamais été dans la confidence de semblables projets ; mais les bruits vagues et publics qui ont circulé à ce sujet dans l'armée sont venus à ma connaissance *depuis l'arrivée de l'armée en Galice*, après la retraite de Portugal.

Le rapporteur ne fut pas arrêté par cette réponse, au moins singulière, du compatriote du maréchal, qui passait pour son confident. Il insista de la façon la plus précise.

— Vous nous dites que vous n'avez jamais eu connaissance du projet du maréchal. Cependant, n'avez vous pas écrit, en son nom, *antérieurement à l'évacuation du Portugal*, une circulaire aux généraux commandant les divisions de l'armée ? *Expliquez-moi dans quel esprit et dans quelles intentions elle fut rédigée.*

— Une circulaire dictée par Son Excellence dans

son cabinet, à son secrétaire et à ses aides de camp, a été effectivement signée par moi, d'après l'ordre de S. E. *J'ai perdu de vue cette lettre* depuis l'époque où elle fut écrite ; je désire qu'elle me soit remise sous les yeux ; j'en ferai connaître l'objet tel qu'il me fut développé par Son Excellence.

Est-il vraisemblable qu'une pièce de cette importance, et dont l'effet manqua d'être si désastreux, tînt si peu de place dans le souvenir du général Ricard ? Ricard, au contraire, avait de bonnes raisons de ne pas l'oublier. Elle lui avait attiré une verte semonce : « Je fus mandé, je me rendis à Paris précédé par une mesure de disgrâce. *L'Empereur me reçut avec un emportement extrême ;* il crut qu'il était du besoin de sa politique de tout rejeter sur moi. Je m'expliquai, pièces en main ; il me congédia *brutalement* en les gardant (1). »

Le 15 décembre, on interrogea Lefebvre (Simon, 41 ans, né à Épinal, domicilié à Sedan, général de brigade). Lefebvre raconta sa conversation avec Argenton, le 8 mai, vers midi, les réflexions qui l'assaillirent ensuite, pendant sa tournée à Villanova, et son entrevue avec le maréchal dans la soirée.

(1) Papiers inédits du général Ricard, d'après une *Histoire anecdotique de Jean de Dieu Soult, maréchal-général, duc de Dalmatie*, par Anacharsis Combes, 1 vol. 8°, Castres, 1870 (235 pages). C'est un livre emphatique et prétentieux consacré à l'apothéose de Soult.

Le rapporteur lui demanda avec raison : « Argenton ayant fait devant vous sa déclaration au maréchal, dans la nuit du 8 au 9 mai, savez-vous pourquoi cette déclaration n'a point été reçue par écrit ? Elle deviendrait un témoignage authentique qu'on pourrait opposer aux dénégations formelles de ceux qu'Argenton a signalés comme l'ayant fait agir. »

Lefebvre ne répondit pas. Tout était là, en effet, et Argenton dans ses confrontations comme à l'audience ne se heurta qu'à un parti pris de dénégations sous lesquelles il devait nécessairement succomber. Il s'en irrita. Il fut confronté, le 18, avec Ricard, puis avec Lefebvre. Ricard s'en tint à sa déclaration. Argenton l'accusa de se taire à cause de ses exactions en Espagne et de ses relations avec le maréchal Soult. Quant aux propos que lui attribuait Lefebvre, le 8 mai, il les nia à son tour, affirmant qu'il ne l'avait vu, ce jour-là, que *deux minutes*, le temps de monter à cheval, et il ne se gêna plus pour charger son ancien général

Il rapporta les récriminations de Lefebvre, brigadier depuis 1800, aigri et mécontent, se plaignant de ses fatigues, de l'injustice de l'Empereur, etc. : « Aussi, je suis tellement dégoûté du métier, mon cher Argenton, que si j'avais 1.000 écus de revenu, *je brûlerais la politesse*. Car je vois bien que je n'ai rien à attendre que des blessures et des fatigues. Si, au moins, nous espérions de voir bientôt se terminer la guerre, je prendrais patience. Mais, tant que l'Empereur vivra, elle sera inséparable de son ambition et quand, justement ou non, il aura subjugué l'Europe, il ira chercher des ennemis partout où il en trouvera.

« Son aide de camp Favre était souvent présent à ces sortes de confidences. Je ne les eus jamais révélées si le général Lefebvre ne m'avait calomnié. »

Lefebvre nia, naturellement. C'était le système qui persista devant le tribunal.

L'enquête avait été menée avec beaucoup de soin et de scrupule par le rapporteur. Elle avait été si instructive qu'il ne crut pas devoir entamer les débats sans en avoir, prudemment, circonscrit le terrain et les limites. Tel fut l'objet d'une note confidentielle qu'il adressa au général Hullin et que nous trouvons dans les pièces qui furent envoyées à l'Empereur avec la sténographie du procès. D'après le capitaine Bertrand, il paraissait établi, d'une part, que le maréchal Soult avait aspiré à la couronne du Portugal ; de l'autre, que les généraux du 2⁰ corps avaient cru pouvoir sauver l'armée en négociant avec les Anglais et qu'Argenton, intelligent et énergique, n'avait été que leur émissaire. C'est Soult, pour excuser son ambition et son échec, qui avait donné à ce mécontentement militaire une couleur politique. C'est lui seul qui en avait, auprès de l'Empereur, exagéré l'importance.

« Cette conjuration ainsi qualifiée et à laquelle M. le duc de Dalmatie, dans son rapport, paraît avoir prêté les intentions les plus criminelles, n'était autre chose (s'il faut en croire Argenton) qu'un comité composé de plusieurs officiers généraux et colonels qui n'avaient d'autre but que d'agir dans les intérêts de l'Empereur et de s'entendre avec les généraux anglais pour sauver les débris de notre armée qui, divisés sur plusieurs points et à de trop grandes distances, ne pouvaient plus se maintenir dans le Portugal.

Mais nos généraux, désirant être maîtres de leurs communications (et connaissant d'ailleurs le grand désir que M. le maréchal avait de se faire proclamer roi) et espérant obtenir des généraux anglais de ne se saisir du Portugal qu'après sa proclamation et après s'être assurés de sa personne, Argenton, par l'intermédiaire du colonel Laffite, fut, dit-il, *verbalement* chargé de cette négociation, et pour lui en faciliter les moyens il s'adressa au colonel Donnadieu, qui le présenta à Viana, lequel accompagna Argenton dans les deux voyages qu'il fit pour traiter avec les généraux anglais.

C'est après son deuxième voyage qu'il fut arrêté, de sorte que les Anglais, n'ayant plus la facilité de communiquer avec lui et supposant qu'ils étaient trompés, profitèrent de la réunion de leurs forces et des moyens d'attaquer qu'ils avaient pour s'emparer d'Oporto, laquelle fut livrée le 12 mai par le maréchal qui, pour justifier cette défaite et les revers qui en ont été la suite, *a cru devoir supposer des moyens de trahison* ou prêter au comité des intentions qui, *loin d'être aussi criminelles qu'il les a présentées*, n'étaient que des vues répressives sur *le projet de royauté qu'il avait hautement et publiquement manifesté* et qui, quoique dissimulé dans le rapport à Sa Majesté, n'en est pas moins consigné dans la déclaration judiciaire des colonels Laffite et Donnadieu. Etc. (1). »

Dès lors, fallait-il revenir sur les menées ambitieuses du maréchal, signaler le mécontentement des généraux et rechercher le fameux « comité » ? C'était dangereux. C'était à la fois remettre en cause le maréchal que l'Empereur couvrait de son indulgence et révéler au public un esprit des armées qu'on était loin de soupçonner. Ne valait-il pas mieux s'en rapporter aux dénégations des chefs et ne retenir, des faits mêmes, que ceux-là qu'avouait si délibérément Argenton : ses absences illégales et ses communications avec l'ennemi? Au lieu d'une affaire politique, il ne restait qu'un procès militaire ; au lieu de plusieurs accusés, un seul coupable ; et, dans les

---

(1) Rapport confidentiel du capitaine Bertrand au général Hullin. Arch. Nat.

fautes reprochées à Argenton, assez de motifs pour frapper et punir.

C'est la pensée qui prévalut et qui dirigea les débats.

Ils s'ouvrirent le 21 décembre 1809 devant la commission militaire que présidait le général Bazancourt.

Après la lecture des pièces de la procédure, le président interrogea l'accusé.

Argenton fit le récit de ses deux voyages auprès des Anglais. Il déclara qu'il ne leur avait demandé que de *différer leur attaque;* qu'il avait été envoyé, d'ailleurs, par un « comité » qui se tenait à Amarante, chez le général Delaborde, comité dans lequel il n'avait pas été admis, mais dont Laffite, son colonel, avait été auprès de lui l'intermédiaire. « Le colonel Laffitte me proposa, de la part des généraux Delaborde, Loison, du colonel Saint-Genié, aide de camp de Loison, de me rendre aux avant-postes anglais pour faire les propositions que j'ai détaillées. » Il revint, à plusieurs reprises, sur le service qu'il croyait rendre en se chargeant d'une pareille mission. « Je croyais bien faire... je croyais sauver le corps d'armée...; sans moi, le maréchal Soult était perdu... »

Un juge demanda s'il avait des ordres écrits du comité. — Non. — Il est impossible de croire, dit ce juge naïf, qu'un comité composé de plusieurs officiers généraux ait consenti à faire agir, dans une affaire aussi délicate, un officier sans lui donner des ordres *par écrit*. Il devait en sentir tous les risques.

Le président insista pour connaître ses intentions.
— Il s'agit de vous justifier. Les personnalités n'ont aucun rapport avec votre position. Occupez-vous de votre défense personnelle.

— Il n'y a rien pour me justifier que ce que j'ai dit. Je voulais sauver l'armée, je n'ai jamais servi les ennemis.

On entendit ensuite les témoins : d'abord Lefebvre et Ricard, puis Donnadieu et Laffite, qui ne firent que renouveler leurs précédentes dépositions, contre lesquelles l'accusé renouvela ses protestations.

A son tour, le capitaine rapporteur prit la parole. Son exposé fut très simple, parce qu'il écarta tout ce qui pouvait compliquer l'affaire. Il déclara, en effet, qu'on devait s'appuyer sur les absences illégales d'Argenton, son évasion du camp, son séjour en Angleterre. Il refit l'histoire de ses voyages à Lisbonne et à Coïmbre, de son arrestation, de sa fuite, de son passage en Angleterre, etc., jusqu'au jour de sa nouvelle arrestation.

« Voilà, dit-il en terminant, la relation fidèle de la conduite d'Argenton, du 20 avril dernier au 2 juillet, d'après ses propres aveux. *Il est difficile de croire à l'existence d'un « comité » dont il aurait été l'agent et dont il n'existe aucune preuve.*

« Tous ces documents puisés dans son propre témoignage et qui sont signalés par les pièces matérielles déposées sur votre bureau vous rappellent une violation des lois sacrées de la guerre, laquelle ne peut être justifiée par aucune pièce légale, par aucun témoignage, par aucun motif. »

Alors le défenseur se leva. C'était un avocat, nommé Ambroise Falconnet, qui semble avoir appartenu longtemps au barreau de Paris, car il y était inscrit avant la Révolution. Sa plaidoirie hardie, habile, pressante est d'un vif intérêt.

Il débuta sans ambages : « Je parle pour le capitaine Argenton, prévenu de trahison et de communication avec l'ennemi. Mes conclusions sont à l'absolution du prévenu ou à une plus ample information. »

Après un exorde majestueux consacré, par précaution oratoire, à exalter le génie de l'Empereur, il entra dans le récit de la campagne du Portugal qu'il conduisit jusqu'à l'occupation d'Oporto. Puis il osa rappeler les menées ambitieuses de Soult, servi par le fidèle Ricard et l'équivoque Viana.

« Déjà vous le savez, Messieurs, et votre conscience est suffisamment éclairée sur ce point, le maréchal cherchait à se faire un parti parmi les Portugais.

Il s'était montré sur son balcon, il avait distribué de l'argent au peuple qui avait crié : *Vive Nicolas!*

Pendant que nous étions à Oporto, il a paru une circulaire au nom de Son Excellence adressée aux généraux commandant des divisions. Cette circulaire présente la supposition d'un régent provisoire demandé par les Portugais, la possibilité pour le maréchal de remplir le trône par intérim en attendant qu'un individu de la famille royale vienne l'occuper, et cette circulaire est signée Ricard.

Grâce à ces intrigues, la perte de l'armée était certaine. C'est alors que le comité Delaborde, etc., par l'intermédiaire de Laffite, fait venir Argenton et le charge de la mission en question. Il s'agissait d'aller trouver les Anglais, de leur faire part des projets de Soult, de l'intention de l'armée d'y couper court ; mais en revanche d'obtenir un ajournement dans les opérations de l'ennemi. Confiant, etc., Argenton s'acquitte de cette mission. 1er voyage. Le maréchal renonce à son dessein, mais l'armée n'en était pas moins menacée. Il fallut un deuxième voyage. C'est au retour qu'eurent lieu l'arrestation, l'évasion et le passage en Angleterre.

« Qu'avait fait Argenton ? Quels étaient ses crimes ? Reconnaître l'ennemi, l'amuser, en obtenir des délais, des suspensions d'hostilité, qui, pour un général plus habile, lui auraient fourni les moyens d'une résistance plus terrible ou d'une retraite brillante. »

Au lieu de lui en être reconnaissant, Soult l'accuse, et l'accuse d'un plan ridicule. S'il était fondé, pourquoi n'a-t-on arrêté que lui, et non pas, en même temps, les généraux Delaborde, Loison, Merle, le colonel Saint-Genié, etc. ? Et d'ailleurs, ce plan, qui tendait à renverser Napoléon et à rétablir la République, était tellement vaste qu'il en était impraticable.

Et là-dessus l'avocat daube sur le maréchal. C'est Soult qu'il accuse tout net d'avoir fabriqué le complot. C'est Soult qui aurait dicté la déclaration de Lefebvre, pesé sur l'ami Ricard, etc.; bref, c'est Soult qui prend sur la sellette la place d'Argenton.

Aussi bien, qu'est-ce qu'Argenton ? Le défenseur retrace alors la vie militaire de l'accusé, invoque ses actions d'éclat sur le Rhin, en Italie, en Égypte, rappelle sa valeur en Espagne. « Semble-t-il qu'un tel homme soit de la race des traîtres ? *Argenton a été chargé d'une mission, il a dû obéir.* »

Résumons la cause, dit Falconnet. La conspiration supposée par le maréchal Soult n'est qu'une infâme calomnie que rien n'établit, que tout dément. Il l'a mise en avant pour détourner les yeux de l'Empereur de son ancien projet de se faire roi de Portugal. Le projet a été connu des généraux qui n'ont pas voulu y coopérer, qui ont cru devoir prendre des mesures pour s'y opposer. C'est le capitaine Argenton qu'on a choisi comme un homme d'honneur et de cœur, incapable de trahison, pour faire réussir ces mesures. Si elles sont criminelles, ils doivent en être responsables. Elles ont été cause du salut de la plus grande partie de l'armée.

Les preuves de sa justification se trouvent déjà dans la procédure ; elles seraient évidentes dans une instruction plus complète et plus régulière.

Je termine cette plaidoirie en exposant quelles furent les intentions du prévenu. « Mes déclarations, dit-il, sont de la plus exacte vérité. Je jure sur l'honneur qu'elles sont dictées par la candeur, que je n'ai jamais eu l'intention de commettre le crime dont je suis accusé, crime dont la seule idée me fait horreur. Je vous répète donc que je n'ai été guidé dans mes démarches que par la confiance sans bornes que je portais à mon commandant et aux généraux qui m'ont fait agir, et par la conviction où j'étais qu'eux-mêmes n'avaient pour but que de servir Sa Majesté et d'assurer le salut de l'armée française. »

« Je vous ai présenté cette cause d'un ton inculte, austère, tel qu'il m'a paru convenir à un vétéran de Thémis qui parle à des élèves de Bellone qui ne cherchent que la vérité. Je suis persuadé que je l'ai mise dans un jour tel qu'elle ne pourra vous échapper et que vous proclamerez l'innocence d'Argenton (1). »

(1) Sténographie du procès.

— Le président, à l'accusé : Avez-vous quelque chose à ajouter pour votre défense ?

— Non, Monsieur.

Argenton sortit et la commission délibéra. Reconnu coupable, à l'unanimité, Argenton fut, à l'unanimité, « en vertu des articles 1 et 2 du titre III du Code pénal militaire du 25 brumaire an V, » condamné *à la peine de mort.* La sentence était exécutoire dans les vingt-quatre heures.

Dès le soir même, Falconnet avait eu recours à l'Empereur. Il écrivit à Napoléon :

> Dans la cause du capitaine Argenton, j'ai démontré la fable de la conspiration imaginée par le maréchal Soult, la réalité de son projet de royauté en Portugal, les ordres donnés verbalement par les généraux au prévenu, les preuves qu'en fournissaient les faits et les pièces, et enfin l'innocence de ce dernier malgré l'insuffisance et l'irrégularité de l'instruction.
>
> Les juges ont écouté avec indulgence ; ils ont prononcé avec rigueur.
>
> Je demande à Votre Majesté la grâce du prévenu, un de ses plus braves guerriers, ou, au moins, un sursis.
>
> Votre Majesté ne permettra pas que celui qui, avec 3 hommes, en a fait 500 prisonniers ; qui, sous vos yeux, monta le premier sur les remparts d'Alexandrie au milieu d'une grêle de pierres et de balles et servit ainsi en quelque sorte dans ce pays de premier degré à ce trône sublime de gloire où vous êtes monté, périsse avec ignominie, quand, réunie à lui, sa jeune épouse implore votre clémence.

Je suis, avec un profond respect, etc.

Ce 21 décembre 1809.

FALCONNET, ancien avocat,
rue du Foin-St-Jacques, n° 18.

La lettre porte en marge cette note de l'Empereur, quelque peu bourrue : « *Renvoyé au ministère de la police pour savoir ce que c'est que ce sieur Falconnet qui prend ainsi la défense d'un misérable, et accuse un maréchal de l'Empire. Si, comme j'ai lieu de le croire, cet homme ment à sa conscience, lui faire sentir vertement que calomnier près de l'Empereur un bon général, même un simple citoyen, c'est un délit, et lui enjoindre d'être plus circonspect à l'avenir.* Trianon, ce 22 décembre 1809. Napoléon. »

La justice suivit son cours et Argenton fut passé par les armes, le 22 décembre, dans la plaine de Grenelle. Une lettre de Bertrand au général Hullin nous renseigne sur ses derniers moments.

Bertrand s'était rendu le 22, vers onze heures du matin, à la prison de l'Abbaye. Espérant dans la clémence de l'Empereur, il attendit jusqu'à une heure pour faire appeler Argenton et lui donner lecture du jugement que celui-ci entendit avec beaucoup de calme. Argenton remonta alors dans sa chambre, rassembla tranquillement ses effets dont il fit un paquet, écrivit à sa femme, fit sa toilette, descendit, s'entretint quelques instants avec un prêtre dans une chambre voisine du greffe; enfin, régla ses comptes avec le concierge de la prison.

Il dit ensuite au capitaine Bertrand qu'il n'avait aucun reproche à faire à ses juges, qu'il avait été justement condamné; *qu'il n'en voulait qu'aux lâches qui l'avaient abandonné et qui étaient eux-mêmes ses assassins.* Son confesseur l'ayant repris de ce mouvement et l'ayant engagé à pardonner, il répondit : « Je veux bien leur pardonner, puisqu'il faut mourir, mais je ne l'aurais jamais fait dans toute autre circonstance. »

Revenant à Bertrand, il lui dit : « Je persiste, monsieur le rapporteur, dans tout ce que je vous ai déclaré dans mon interrogatoire. C'est la vérité la plus exacte; c'est le dernier cri de ma conscience, et le temps, à ce que j'espère, prouvera un jour tout ce que j'ai déclaré. »

Il quitta l'Abbaye à deux heures un quart, arriva dans la plaine de Grenelle, se plaça lui-même devant le peloton d'exécution, commanda le feu, et tomba. Il était trois heures vingt.

J'ai ramené dans ma voiture son confesseur, qui m'a dit qu'il était mort comme un bon chrétien, et il m'a encore rappelé de sa part que tout ce qu'il avait dit dans son interrogatoire était la plus exacte vérité... J'ai cru, Monsieur le général, devoir vous soumettre les derniers détails que j'ai recueillis dans la malheureuse affaire d'Argenton et recommander à votre bienveillance et à votre justice les intérêts particuliers de sa pauvre femme.

Recevez, etc. (1).

Telle fut la triste fin du capitaine Argenton. Ses brillants services, son attitude dans le procès, ses protestations jusqu'au bout, tout laisse croire qu'il n'était pas un traître, qu'il fut seulement un instrument, et qu'il fut abandonné de ceux qui l'avaient employé. La plupart des contemporains qui ont signalé les intrigues qu'il a nouées — ou auxquelles il fut mêlé — semblent ignorer que la plaine de Grenelle en a vu le dénouement.

Donnadieu, toujours détenu à l'Abbaye, écrivit à l'Empereur, le 10 janvier 1810, une lettre pathétique où se trouvaient des phrases singulières :

« Il y a un an aujourd'hui, à cette même heure, j'enfonçais à la tête de mon régiment l'aile droite de l'armée anglaise, et en ce moment même, je suis dans les fers. Et qu'ai-je fait pour cela ? Parce qu'un

---

(1) Lettre du capitaine Bertrand au général Hullin, sur les derniers moments du condamné. Du 22 décembre. — Arch. Nat. *Ibid.*

Il faut croire que la recommandation de Bertrand fut oubliée; car on trouve dans le dossier une lettre de la veuve Argenton (née Bussière) au ministre de la police, réclamant les effets laissés par son mari. De Paris, le 15 février 1810.

Une note de la gendarmerie militaire du 2° corps donne ce portrait d'Argenton : « Figure pâle, cheveux et sourcils châtain clair, barbe et favoris roux, corps mince ; taille de 5 pieds 4 pouces. »

misérable a parlé de moi. Ah, Sire, ma conduite n'est-elle rien ?...

« C'est donc à mon nom que je dois attribuer mon malheur, *à ce nom fatal que le sort semble avoir proscrit ?* Etc. (1). » C'est lui-même qui le dit, et l'histoire ne parlera pas autrement.

Napoléon renvoya la lettre au ministre de la police en demandant pour le lendemain un rapport définitif. Fouché rendit compte de l'affaire très clairement, en faisant peser toute la responsabilité sur Argenton, et proposa la mise en liberté de Laffite et de Donnadieu. Elle fut accordée aussitôt.

Laffite reprit sa place à la tête du 18ᵉ dragons, fut promu brigadier le 1ᵉʳ octobre 1813, et prit sa retraite après Leipzig, où il fut grièvement blessé.

Donnadieu retrouva un régiment, mais n'en fut pas plus docile. Un jour de revue, aux Tuileries, Napoléon voulut lui confier son chapeau. Il l'écarta du geste. « Colonel, lui dit Masséna, avec ces idées-là, vous n'avancerez jamais. » Il passa pourtant général en 1811. Mais il adressa à Napoléon un mémoire contre le projet de campagne en Russie. « Il ne veut pas venir, dit l'Empereur, eh bien ! qu'il reste ! » Et il l'envoya en disgrâce dans le gouvernement des îles d'Hyères. Mis en réforme peu après, Donnadieu fut

---

(1) Arch. Nat. *Ibid.*

placé sous la surveillance de la police. C'est dans cet état que le trouva la Restauration.

Il était tout désigné pour être de ses amis. Mais il fut de ces amis dangereux, comme la Restauration n'en a que trop connu et, qui ont fait sa perte.

CHAPITRE VII

Le complot Fouché-Bernadotte (1809).

Napoléon avait quitté l'Espagne brusquement et sans en consommer la défaite. Il était rappelé à la fois par les intrigues de Paris et l'hostilité de l'Autriche.

La guerre d'Espagne n'était pas seulement suivie et commentée avec malveillance par la société restée hostile à l'Empire et par ces conspirateurs de salon dont le comte Alexis de Noailles était le plus actif et le plus mordant. Elle avait encore suggéré aux fonctionnaires le besoin de faire face à l'avenir par une prévoyante infidélité. C'est ainsi qu'elle avait rapproché deux hommes qui s'étaient tenus jusqu'alors fort séparés, Talleyrand et Fouché.

Talleyrand, l'année précédente, avait dû laisser les affaires étrangères au comte de Champagny ; mais il restait grand dignitaire de l'Empire et chambellan, Fouché était toujours ministre de la police.

Talleyrand avait tant d'esprit, et de si méchant, qu'on pouvait croire aux mots qu'on lui attribuait;

et Fouché mettait tant de vanité à paraître bien informé qu'il était fort capable d'indiscrétion. Mais il y avait autre chose dans leur cas. Talleyrand ne s'était pas borné à critiquer la politique de Napoléon dans la péninsule. On soupçonnait que des conférences secrètes s'étaient tenues chez lui entre les agents de Ferdinand, captif à Valençay, et les ambassadeurs de Prusse et d'Autriche. La prévision d'un *accident* possible pendant la campagne d'Espagne avait fait taire son aversion pour Fouché, et donné naissance à ces intrigues qui reparurent pendant la campagne de Wagram et encouragèrent l'expédition anglaise de Walcheren.

Napoléon ne tarda pas de s'en expliquer avec ses ministres.

Peu de jours après son arrivée, il fit appeler dans son cabinet Cambacérès, Lebrun, Talleyrand, Fouché, et le ministre de la marine, Decrès. Après des réflexions générales sur les devoirs de tout fonctionnaire qui prend part à la haute direction des affaires d'un gouvernement, sur l'obligation où il est de mettre la plus grande réserve dans sa conduite et dans son langage, Napoléon laissa déborder son irritation. Il reprocha à Talleyrand d'avoir gardé le silence sur des mesures qu'il avait blâmées hors de sa présence; à Fouché, de sacrifier à sa popularité celle du chef de l'État et de caresser tous les partis. Il dit à tous les deux:

« Vos honneurs, vos biens, à qui les devez-vous ? à moi seul. Comment pouvez-vous les conserver ? par moi seul. Regardez en arrière, examinez votre passé. . Et vous tramez des complots ? Il faut que vous soyez aussi insensés qu'ingrats pour croire que tout autre que moi fût assez fort pour vous soutenir. S'il survenait une révolution nouvelle, quelque part que vous y eussiez prise, elle vous écraserait des premiers (1). »

Talleyrand resta grand-dignitaire, mais perdit sa place de chambellan. Fouché resta ministre, mais il continua de conspirer.

D'ailleurs, malgré les victoires de Napoléon, malgré le silence imposé aux fonctionnaires et aux journaux, malgré le zèle de la police, l'opposition grandissait.

Les fonds publics baissaient tous les jours. Les appels militaires qui se succédaient et qui s'adressaient non seulement aux classes de 1809 et de 1810 par anticipation, mais encore aux classes antérieures de 1806, 1807, 1808, causaient un mécontentement profond. La brouille survenue entre Napoléon et la papauté lui aliénait le clergé et le privait d'un allié qui lui avait rendu jusqu'alors de précieux services. Enfin, à l'incertitude du dedans s'ajoutaient les inquiétudes du dehors.

La guerre d'Espagne nous était décidément funeste.

---

(1) Bignon, t. VIII. Cf. *Memoires d'un ministre du trésor public*, t. III. Mollien reproduit à peu près les mêmes expressions

Elle n'absorbait pas seulement nos armées ; elle agissait encore par l'exemple. Elle montrait ce que pouvaient faire les résistances nationales, et l'Autriche semblait disposée, en 1809, à conduire celles de l'Allemagne. A défaut de la Russie, rattachée encore à notre alliance, de la Prusse, trop faible pour recommencer sa lutte, l'Autriche était seule capable de répondre aux excitations de l'Angleterre contre nous. Transformée par le comte de Stadion, enhardie par les talents militaires de l'archiduc Charles, soutenue par la haine de la féodalité germanique, bouleversée par Napoléon, poussée enfin par les aspirations populaires de l'Allemagne, elle se flatta de reprendre contre nous le rôle de la Prusse, et elle employa le langage de l'Espagne.

Le nord de l'Allemagne était travaillé par des sociétés patriotiques dont la principale était celle du *Tugend-Bund*, à laquelle les femmes mêmes étaient affiliées. Des patriotes, comme le duc de Brunswick-Oels, le colonel Dornberg, de la garnison de Cassel, le major Schill, de la garnison de Berlin, avaient préparé des mouvements partiels pour seconder l'attaque de l'Autriche, tandis que le Tyrol se soulèverait contre la Bavière.

L'Autriche lança, le 6 avril 1809, une proclamation qui invoquait « le salut de la patrie, la liberté de l'Europe réfugiée sous ses bannières » et appelait les peuples à l'insurrection. Le 9, elle prit l'offensive en envahissant la Bavière, notre alliée.

La nouvelle en parvint le 12 à Napoléon. Le 13, au matin, il quittait Paris. Le 17, « avec la rapidité de l'aigle, » il était sur le Danube. Une campagne de cinq jours (18-23 avril) délivra la Bavière et rejeta l'Autriche sur Vienne, où Napoléon entra pour la seconde fois. Ces succès rapides renversèrent les espérances des patriotes.

Le colonel Dornberg, de la garde westphalienne du roi Jérôme, avait promis de livrer Cassel avec le concours des campagnes voisines. En effet, le 20 avril, des intrigues bien dirigées amenèrent devant la ville 15 à 16.000 paysans et Dornberg essaya d'entraîner ses troupes. Mais le 21, au matin, le général Eblé, ministre de la guerre, fit tirer à coups de canon sur les insurgés, acheva de les disperser avec des charges de cavalerie et retint la ville dans le devoir.

Le major Schill, du régiment des hussards de Brandebourg, était un des membres les plus fougueux du Tugend-Bund. Pendant qu'il exerçait ses hommes sur les places de Berlin, il affectait d'indiquer la position qu'il fallait donner au sabre *pour couper la tête d'un Français;* et comment, en reprenant la position, *on coupait encore la tête d'un Français.* Tout cela publiquement, en plein jour, quand nous avions un ministre à Berlin et une armée à ses portes. Aussi était-il devenu populaire. Les élégantes de la capitale portaient son chiffre et son portrait, au milieu de bijoux en acier, symbole de la régénération par le fer (1).

Schill projetait un coup de main sur Magdebourg qui garde le passage de l'Elbe et qui est d'une grande importance stratégique. La place renfermait 600 bouches à feu, 120.000 fusils, des approvisionnements pour plus de six mois, sans autre garnison que deux compagnies de voltigeurs et une de pontonniers, sous le général Michaud, vieux soldat de l'armée du Rhin. On est étonné d'une pareille négligence. Mais il faut se dire que nos soldats se croyaient alors invincibles et qu'ils ne soupçonnaient pas un retour offensif de l'Allemagne.

Le 21 avril, Schill quitta Berlin avec 500 cavaliers de son régiment et fut rejoint à quelque distance de la ville par 300 hommes d'infanterie. Il franchit l'Elbe à Wittenberg et marcha sur Magdebourg. Mais il se heurta à la contenance énergique du général Michaud, et se retira sur Stralsund. L'affaire était manquée. Le roi de Prusse, qui avait couvert toutes les menées de Schill, le désavoua alors et le proclama déserteur. Jérôme mit sa tête à prix ; ses hommes l'abandonnèrent. Il fut assiégé dans Stralsund, par un corps de

---

(1) Beugnot, *Mémoires*, t. I, ch. 8. Beugnot était alors administrateur du grand-duché de Berg.

Hollandais sous les ordres du général Gratien, et tué dans une sortie (31 mai). Les débris de ses partisans furent fusillés ou envoyés au bagne de Toulon.

Napoléon, qui ne parlait qu'en termes injurieux de la résistance des Espagnols qu'il traitait de *bandits* et d'*assassins*, ne pouvait manquer de flétrir des tentatives comme celle de Schill. Aussi lisait-on, quelques mois après, dans le *Moniteur* :

« Les hommes de la bande de Schill qui n'ont pas été passés par les armes ont été conduits aux galères de Toulon, au nombre de 360... On ne doit que du mépris à ceux qui croient se distinguer des *voleurs* ordinaires, dont ils font le métier, parce qu'ils ont porté un uniforme. » (18 décembre 1809.)

Le duc de Brunswick-Oels était le fils de l'ancien lieutenant du grand Frédéric, vaincu à Valmy, en 1792, et tué à Auerstaedt, le 14 octobre 1806. Ses domaines avaient été confisqués par Napoléon. Dépouillé et proscrit, il avait recruté une légion de partisans dite *légion noire,* au sombre uniforme, et dont la coiffure était ornée de têtes de mort. C'était dans ce jeune prince, d'une des plus vieilles familles de l'Allemagne, qu'on se plaisait à voir, plus que dans un archiduc autrichien, le libérateur de la patrie allemande.

Il se mit en mouvement trop tard pour rejoindre Schill. Entré en Lusace le 14 mai, il fut chassé de

Zittau le 22, et réduit à l'inaction jusqu'en juillet. Wagram et l'armistice de Znaym le forcèrent de renoncer à la lutte. Il gagna le nord de l'Allemagne, passa une nuit sous les murs de Brunswick, pour dormir une dernière fois auprès du berceau de ses ancêtres, et s'embarqua, avec les 1.800 hommes qui lui restaient, sur des bâtiments anglais.

Ces divers soulèvements n'avaient pas réussi parce que les plaines de l'Allemagne ne se prêtaient pas, comme les montagnes du Tyrol et celles de l'Espagne, à la guerre de partisans; parce qu'ils restèrent isolés, sans direction, privés d'un soutien que la Prusse n'osa donner; enfin parce que le moment n'était pas encore venu, bien qu'il ait paru bien près de sonner après Essling.

Les deux journées d'Essling (21-22 mai) avaient ranimé le courage de nos ennemis. De nouveaux comités d'insurrection s'étaient formés à Nuremberg et dans d'autres villes d'Allemagne. En Italie, la rupture avec le pape, l'excommunication lancée contre Napoléon et les événements du Danube avaient produit une vive effervescence. « Quand on crut que la fortune nous abandonnait à Essling, dit le *Mémorial*, on fut prêt aussitôt à Rome pour soulever la population de cette capitale. » Une flotte anglo-sicilienne parut devant l'embouchure du Tibre, et croisa plusieurs jours sur le littoral romain.

En France, de coupables espérances s'étaient éveillées, et l'Empire traversa une crise dans laquelle il aurait pu rester.

Nos départements, surtout ceux de l'Ouest, étaient travaillés par des agents des Bourbons et de l'étranger. Ils s'apprêtaient à appeler le duc de Berry. De la Vendée, le mouvement s'étendait à la Bretagne, au Maine, à la basse Normandie. Dans le midi, il gagnait Bordeaux et la vallée de la Garonne. Il semble qu'on ait alors conçu le dessein de fermer le retour à Napoléon et de le laisser seul entre le Danube et le Rhin, pris entre le soulèvement de l'Allemagne et la défection de la France.

Fouché était au courant et peut-être à la tête de ces intrigues, car il est malaisé d'y voir clair dans ces sortes d'affaires, toujours prudemment enveloppées. Un de ses chefs de bureau, Esmenard, était en correspondance secrète avec M. de Metternich ; ce qui n'étonne pas outre mesure si l'on songe aux trahisons qui avaient déjà entouré Napoléon pendant le Consulat, et aux relations de quelques-uns de nos fonctionnaires avec nos ennemis (1). Lui-même pensait que, pour en finir avec Napoléon, les moyens expéditifs étaient les meilleurs.

---

(1) Je renvoie là-dessus aux édifiantes révélations du livre récent de M. L. Pingaud : *Un agent secret sous la Révolution et l'Empire : le comte d'Antraigues*, 1 vol. 8°, 1893. Voir surtout les chap. V et VI.

Immédiatement après Essling, dit Las Cases, un émissaire arriva du champ de bataille auprès de Fouché pour lui faire connaître l'état désespéré des affaires qu'on supposait favorable à certains projets. Cet émissaire était chargé de prendre son avis. A quoi Fouché répondit avec animation : « Mais comment revenir pour demander quelque chose quand vous devriez avoir tout accompli à vous seuls. Vous n'êtes, là-bas, que des poules mouillées qui n'y entendez rien. On vous *le* fourre dans un sac, on *le* noie dans le Danube, et puis tout s'arrange, facilement et partout. »

Le mot laisse encore supposer dans l'armée de singulières dispositions.

Ces menées restèrent inutiles. Avec sa pénétration ordinaire, Napoléon avait compris le danger. S'il quittait les bords du Danube sous le coup d'une défaite, il était perdu. C'est ce qu'il montra, le soir même d'Essling, à Masséna et à Berthier, dans une conversation admirable de clairvoyance politique et de science militaire. Voilà pourquoi il resta dans l'île Lobau. Il y entassa les prodiges, et après quarante jours de silence, il en sortit par le coup de tonnerre de Wagram (6 juillet). Tout était réparé.

L'Autriche pouvait prolonger la lutte en la transportant en Hongrie. Elle aima mieux signer un armistice (à Znaym). Elle avait fait assez ; elle attendait le reste de l'intervention de l'Angleterre.

L'Angleterre ne nous pardonnait pas l'annexion de la Belgique ni surtout la possession de l'Escaut et d'Anvers, où Napoléon avait entrepris d'immenses travaux et dont il voulait faire, suivant sa forte expression, *un pistolet chargé au cœur de l'Angleterre.*

L'extension de notre influence sur la Hollande, si étroitement rattachée naguère à sa politique, avait achevé d'irriter le gouvernement britannique, et tandis qu'il mettait, en Espagne ses armées, sur mer ses flottes, partout son or au service de nos ennemis, il cherchait surtout à atteindre l'Empire dans ses nouvelles provinces maritimes du Nord. Un général français osa les mettre sur le chemin.

Le général Sarrasin est un des plus tristes soldats qui aient traversé les armées de ce temps, où les vertus militaires ne furent jamais poussées plus loin. En lutte avec ses chefs comme Donnadieu, en relation avec les Anglais comme Argenton ; d'abord agent de Bernadotte, puis traître pour son propre compte ; condamné à mort comme déserteur sous l'Empire, condamné à dix ans de travaux forcés sous la Restauration, pour bigamie ; réduit à mener sur les grandes routes de l'Europe, comme Dumouriez, une existence obscure, vénale et méprisée : tel a été le personnage. Il lui était pourtant facile de mieux finir.

Sarrasin (Jean), originaire du Midi, s'était enrôlé

aux dragons en 1786. Après les avoir quittés pour être quelque temps répétiteur au collège de Sorèze (Tarn), puis professeur libre, il reprit du service en 1792 et fut employé, en Vendée, dans l'état-major de Marceau, qu'il suivit à l'armée du Nord et du Rhin.

En 1797, il était adjudant-général et chef d'état-major de Bernadotte qu'il accompagna à l'armée d'Italie. Ayant refusé d'aller en Égypte, il fit partie de l'expédition que le Directoire envoya en Irlande sous les ordres du général Humbert, et s'y comporta brillamment (1798) (1).

Bernadotte, dans son ambassade à Vienne, avait voulu emmener Sarrasin. Dans son passage au ministère de la guerre, il lui confia la direction des mouvements. Il semble qu'il ait fort apprécié ses qualités d'intelligence et d'activité, son goût pour l'intrigue, son absence de scrupules, comme s'il avait songé à en faire un des instruments de sa fortune. Ils étaient faits l'un pour l'autre.

Sarrasin se rapprocha de Bonaparte sans participer à Brumaire. Il prétend avoir travaillé à en rapprocher également Bernadotte (2). Celui-ci y gagna le

(1) Dans un précédent volume, j'ai raconté les détails de cette expédition, qui n'aboutit qu'à un échec. *La France et l'Irlande sous le Directoire*, 1 vol , 1888.

(2) Un de ses livres (car il en a écrit beaucoup pour vivre), *Histoire de la guerre de la Restauration*, 1 vol. 8°, 1816, est précédé de quelques pages de biographie personnelle, où il ne faut puiser qu'avec précaution.

Le plus curieux est son *Mémoire au gouvernement anglais*

commandement de l'armée de l'Ouest, et lui-même le commandement de 10.000 hommes, réunis au camp d'Amiens, qu'il fut chargé de conduire en Italie. Il était alors général.

En Italie, il se disputa avec Murat et fut mis en réforme. Replacé, en 1802, on le voit tour à tour à St-Domingue, à l'armée de Brest, puis dans les rangs de la grande Armée en 1805 et en 1806, pressé d'arriver, en quête de scandales, dénonçant les généraux et les administrateurs, détesté de tout le monde, et satisfait de lui-même.

Après Tilsitt, on l'envoya en Belgique, dans le département de l'Escaut; puis dans celui de la Lys. Ses démêlés, à Bruges, avec le préfet Chauvelin, le firent reléguer dans le fort de Cadzand. C'est là, aux bouches de l'Escaut, qu'il renoua les intelligences que, de son propre aveu, il avait déjà entamées avec les Anglais. C'est de là, poussé peut-être par Bernadotte et par Fouché, qu'il attira l'attention de nos ennemis sur cette partie de nos frontières, largement ouverte à leur flotte, et d'où on pouvait prendre à revers Napoléon enfoncé dans l'intérieur de l'Allemagne. On eut le soupçon de ces manœuvres, et quelques mois avant l'expédition de Flessingue, il fut brusquement rappelé

(Londres. in-8º, 1811), où il expose, avec un rare cynisme, les services qu'il a rendus à nos ennemis, et dont il fut, d'ailleurs, assez mal payé.

à Boulogne, et remplacé par le général Rousseau. Mais on peut croire qu'il n'était pas étranger à la tentative des Anglais et qu'il avait préparé le terrain où Bernadotte allait paraître pour défendre l'Empire, et au besoin pour le trahir (1).

Depuis quelques mois, l'Angleterre avait fait des armements considérables. Vers la fin de juillet, 40 vaisseaux de ligne, 30 frégates, plus de 80 corvettes, bricks, etc., 4 à 500 bâtiments de transport avec 40.000 hommes et 150 bouches à feu quittèrent les côtes de la Manche.

Le 29, les Anglais débarquèrent dans l'île de Sud-Beveland et dans Walcheren, et s'emparèrent sans coup férir de Middelbourg, puis du fort de Batz, qu'abandonnèrent les Hollandais. Ils étaient maîtres des bouches de l'Escaut. Au lieu d'en profiter et de pousser droit sur Anvers, ils s'arrêtèrent à assiéger

---

(1) Tient-on à savoir ce qu'il devint ensuite ?
De Boulogne, Sarrasin, dans le courant de 1810, passa à bord d'un bâtiment anglais et se rendit à Londres. Traduit devant un conseil de guerre, à Lille, il fut condamné à mort par contumace le 15 nov. 1810. Aussi, de 1810 à 1814, publia-t-il dans le *Times* de violentes diatribes contre l'Empire.

En 1814, il fut naturellement rétabli dans son grade par le gouvernement qui honorait la mémoire de Moreau, de Pichegru et de Cadoudal. Aux Cents Jours, il eut l'audace d'offrir ses services à Napoléon, qui lui répondit par un mandat d'amener et une détention à l'Abbaye jusqu'à Waterloo.

En 1815, il fut mis en non-activité, et c'est en 1819 qu'un procès de bigamie lui valut dégradation publique, exposition et travaux forcés. Grâcié en 1822, il voyagea à l'étranger. On ne sait où ni quand il est mort.

Flessingue, que le général Monnet défendit quinze jours (1-15 août). Ce retard sauva Anvers.

L'amiral Missiessy en couvrit les approches de batteries jetées à la hâte sur les rives de l'Escaut, et, dans la ville, le roi Louis prépara la résistance avec des troupes de toute espèce, soldats de ligne, douaniers et gendarmes.

A Paris, le débarquement d'une armée anglaise sur un territoire qui faisait partie de l'Empire avait causé les plus vives inquiétudes. Était-ce la peine d'être victorieux sur le Danube pour être attaqués à nos portes? A quoi nous servaient nos armées, si elles nous laissaient sous le coup de pareilles aventures?

Pendant l'absence de l'Empereur, l'archi-chancelier Cambacérès était le chef du gouvernement. Il convoqua aussitôt le conseil des ministres. D'accord avec Clarke, il n'entendait recourir qu'à des mesures ordinaires. Mais Fouché joignait alors à la police le ministère de l'intérieur, dont la maladie avait éloigné Cretet. En outre, il était sûr du ministre de la marine, Decrès. L'occasion, pour lui, était unique. Napoléon pouvait disparaître brusquement en Allemagne; les Anglais pouvaient l'emporter; l'empire pouvait crouler. Tout devenait possible. Fouché devait prouver à tous les partis qu'il était l'homme nécessaire. Il proposa donc des mesures extraordinaires qui firent

jeter les hauts cris à Cambacérès, toujours si pondéré.
— « Mais, monsieur Fouché, répétait le duc de Parme, redoutant la colère de Napoléon, je ne veux pas me faire *décoller*, moi ! »

Fouché, sans attendre le vote de ses collègues, ordonna la mobilisation des gardes nationales du Nord, puis de celles des provinces voisines. Il adressa aux maires de Paris, puis aux préfets, une circulaire où se lisait cette phrase fameuse : « Prouvons à l'Europe que, si le génie de Napoléon peut donner de l'éclat à la France, *sa présence n'est pas nécessaire pour repousser les ennemis.* »

Un si grand déploiement de forces était-il destiné à la défense du pays, ou bien couvrait-il des desseins mystérieux? Car Fouché avait sous la main Bernadotte.

Bernadotte venait d'encourir la disgrâce de Napoléon, pour un ordre du jour flatteur adressé au corps d'armée saxon qu'il commandait à Wagram. Enlevé à ses Saxons, renvoyé d'Allemagne, il se trouvait à Paris, *comme par hasard*. Mais dans quelles circonstances? Au milieu d'une crise, pendant l'absence de Napoléon, retenu à Schœnbrünn, lorsque la direction des affaires était principalement aux mains de Fouché, l'homme de toutes les intrigues, qui trouvait auprès de lui Bernadotte, l'homme de toutes les ambitions, le conspirateur du Consulat, le rival jaloux de

Bonaparte, qu'une injure toute fraîche irritait plus que jamais. Le hasard seul avait-il rapproché ces deux hommes?

« Fouché, dit l'abbé de Montgaillard, s'était attaché à capter le prince de Ponte-Corvo et à usurper son estime. Il lui témoignait plus de déférence qu'il ne convient sans doute à un ministre. »

Déjà, le 1er août, il avait essayé de faire décerner à Bernadotte le commandement des gardes nationales de France, à la place du général Sainte-Suzanne. On préféra Rampon. En revanche, contrairement à Clarke, qui proposait le roi de Hollande et objectait la disgrâce de Bernadotte, il lui fit obtenir le commandement des troupes de Belgique.

Bernadotte arriva à Anvers le 15 août, et y déploya une remarquable activité. Secondé par le roi Louis, par l'amiral Missiessy, par le général Rousseau, par le commandant du génie Decaux, il acheva d'organiser la résistance. Aux contingents hollandais portés sur les points les plus menacés, il ajouta les gardes nationales amenées par Rampon, les gendarmes à cheval, les hommes des dépôts. Il exerça les troupes, les prépara à voir l'ennemi et à le recevoir. Qu'un combat heureux survînt avec ces Anglais que Napoléon n'avait pu atteindre chez eux, dont il avait abandonné la poursuite en Espagne, devant lesquels Soult avait dû reculer dans le Portugal, qui, seuls encore, avaient échappé à la défaite de toute l'Europe, et la popularité de Bernadotte devenait immense. Ce service rappelait les belles journées de la Révolution, et ce petit succès sur la frontière éclipsait la grande victoire remportée là-bas, si loin, dans les plaines de la Moravie.

Napoléon, cette fois encore, y vit clair. Il ne voulait pas d'une victoire semblable en Belgique. Il affecta de redouter un échec, possible avec des troupes inexpérimentées, et ordonna de s'en tenir uniquement à la défensive. « Il ne faut, écrivait-il, opposer aux Anglais que la fièvre, qui les aura bientôt dévorés tous. Dans un mois ils s'en iront couverts de confusion, décimés par la fièvre ; et moi j'aurai gagné à cette expédition une armée de 80.000 hommes qui me rendra des services si la guerre d'Autriche doit continuer. »

En effet, du 15 au 25 août, après la chute de Flessingue, les Anglais ne firent que des mouvements indécis, sans but et sans résultat. Leurs vues secrètes avaient-elles été contrariées ? Étaient-ils seulement desservis par l'incapacité de leurs chefs, l'amiral Strach et lord Chatam, le frère de Pitt ? En attendant, ils étaient décimés par les maladies. Dès le 25, ils songèrent à repartir. Le 2 septembre, l'ordre en arriva d'Angleterre. La retraite, toutefois, n'eut lieu qu'après la conclusion de la paix (14 octobre). C'était un échec lamentable qui coûta des sommes folles, sans compter l'honneur.

Fouché continuait la mobilisation de toutes les gardes nationales de France, et même de celles du Piémont, au milieu des discussions les plus violentes avec ses collègues effarés et soupçonneux. Pourquoi ce luxe de précautions ?

Clarke s'écriait « qu'il n'y avait qu'un jacobin de 93 pour avoir l'idée de lever et d'armer dans Paris une garde nationale ». A quoi Fouché, faisant allusion à l'origine irlandaise de Clarke, répondait : « que ce n'était qu'un étranger vendu aux Anglais qui pouvait s'opposer à la formation de cette garde. » Clarke, exaspéré, disait à Ségur : « Vous voyez ce qui se passe : Fouché vient de lever dans Paris 30.000 hommes. Il arme le peuple, des domestiques même. *C'est une levée de 93 qu'il veut avoir dans la main.* Trente mille hommes armés dans Paris ? Mais il y faudrait une armée pour nous garder de cette garde ! Son but est évident. C'est une trahison. Mais je le surveille. Etc. »

Hullin, gouverneur de Paris c, riait avec son ministre : « Il ne pouvait plus répondre de Paris. Ses patrouilles rencontraient inopinément des postes ou des patrouilles inconnues. On ne savait si c'était des citoyens ou des malfaiteurs ! Il les ferait désarmer ; il ferait tirer dessus (1) ! »

---

(1) Ségur, *Mémoires*, t. III.

Il y avait là une belle partie à jouer pour Bernadotte. Il était à la tête d'une armée dont beaucoup d'officiers lui étaient dévoués. Il pouvait compter sur les gardes nationales dont l'esprit était mauvais, défavorable à l'Empire. Les salons, dans Paris, conspiraient pour lui. Talleyrand y disait tout haut que le moment était venu de se montrer si l'on ne voulait se résigner « à n'avoir en France que des Mameluks et des Polonais ». Montrond, le confident de Talleyrand, s'était rendu à Anvers, dont le préfet, d'Argenson, était son ami de jeunesse, et le travaillait au point que Réal crut devoir accourir lui-même pour surveiller ces menées. D'autres agents parcouraient les départements. Comme l'avait audacieusement écrit Fouché, *la présence de l'Empereur n'était pas nécessaire.* Qui le prouvait mieux que cet éloignement de plusieurs mois? Or, qu'était-ce que l'Empire sans l'Empereur ? Si Bernadotte à sa propre habileté avait joint l'énergie de Malet, avant lui et mieux que lui, d'un coup de main, il supprimait l'Empire.

Napoléon devinait tout cela et c'est ce qui condamne son absence. Pourquoi s'attardait-il si longtemps à Schœnbrünn? Ne pouvait-il laisser aux prises Champagny et Metternich dans les conférences d'Altenbourg où se négociait la paix et revenir à Paris? Peut-être n'y voulait-il rentrer qu'avec un traité glorieux? Peut-être craignait-il de laisser l'armée seule aux bords du Danube, livrée elle aussi à des sentiments suspects, lasse de la guerre, lasse même de son chef.

« Je trouvai à Vienne, dit le duc de Broglie, en très grand nombre, des généraux et des officiers que j'avais connus à Paris. Tous, et je dois ajouter même les maréchaux, même les grands personnages que je voyais chez M. de Bassano, souhaitaient la paix avec ardeur, sans oser trop l'espérer, *maudissant tout bas leur maître*, et, comparant l'armée qu'ils voyaient à celle qu'ils avaient connue, manifestaient pour l'avenir de grandes appréhensions (1). »

Voilà ce qui se disait en haut. Voici ce qui se passait en bas. A Vienne, le nommé Guéniard, secrétaire de l'adjudant-commandant Mériage, ayant été convaincu d'avoir eu des intelligences avec l'ennemi et d'en avoir reçu de l'argent, était condamné à mort par une commission militaire, et fusillé le 1er octobre 1809.

C'est au danger de Paris que Napoléon s'empressa de couper court.

Informé, dès le 6 août, à Schœnbrünn, de la descente des Anglais, il avait poussé lui-même aux mesures les plus promptes et les plus énergiques. Il avait approuvé la levée de 60.000 gardes nationales et la nomination de Bernadotte (lettre à Clarke du 10 août). Maintenant, il trouvait qu'on allait trop loin, « qu'il

---

(1) Duc de Broglie, *Souvenirs*, t. I, ch. 2.

ne fallait pas tant de tapage et d'effervescence ». Il accablait Fouché de reproches pour ses mesures militaires.

Il lui écrivait, le 26 septembre : « Une espèce de vertige tourne les têtes en France. Tous les rapports que je reçois m'annoncent qu'on lève des gardes nationales en Piémont, en Languedoc, en Provence, en Dauphiné. Que diable veut-on faire de tout cela, lorsqu'il n'y a pas urgence et que cela ne pouvait se faire sans mon ordre?... Le peuple prend de l'incertitude sur le gouvernement, *les esprits travaillent, le moindre incident peut faire naître une crise.* Etc. (1). »

Il revient souvent sur cette idée d'une *crise*. Surtout, il ne pardonnait pas, après l'avoir approuvé, le choix de Bernadotte, à cause des intrigues dont il le voyait circonvenu. Dès le 11 septembre, il écrivait à Clarke :

« Mon intention est de ne pas laisser plus longtemps le commandement dans les mains du prince de Ponte-Corvo, qui continue de correspondre avec les intrigants de Paris *et qui est un homme auquel je ne puis me fier...* Vous lui témoignerez mon mécontentement de ses correspondances de Paris, et vous insisterez pour qu'il cesse de recevoir les mau-

---

(1) Correspondance de Napoléon, t. XIX.

vais bulletins des misérables qu'il encourage par cette conduite (1). »

Aussi quand Bernadotte fut remplacé par Bessières, il parut comme soulagé. Il écrivit à Bessières, le 8 octobre : « Je suis bien aise de vous savoir à la tête de mon armée du Nord. Quoique je n'aie point lieu d'être mécontent du prince de Ponte-Corvo, je n'ai cependant pas jugé devoir laisser *un homme d'une opinion si chancelante* à la tête de forces si considérables, etc. »

Bernadotte fut mandé à Schœnbrünn. Après une scène assez vive, Napoléon parla de l'envoyer en Espagne, puis lui offrit le gouvernement de Rome qu'il refusa, après l'avoir accepté.

Le 12 octobre, deux jours avant la conclusion de la paix, Napoléon faillit être assassiné à Schœnbrünn par un étudiant allemand. Stabs ne croyait travailler qu'à l'affranchissement de l'Allemagne. Il aurait, du même coup, assuré le succès d'autres combinaisons en France. Napoléon en avait-il conscience, quand il écrivait, le jour même, à Fouché :

« J'ai voulu vous informer de cet événement afin qu'on ne le fasse pas plus considérable qu'il ne paraît l'être. J'espère qu'il ne pénétrera pas. S'il en était question, il faudrait faire passer cet individu pour

---

(1) Correspondance de Napoléon, t. XIX.

fou. Gardez cela pour vous secrètement, si l'on n'en parle pas. »

Fouché, après avoir correspondu avec l'Autriche en 1809, crut pouvoir négocier avec l'Angleterre par l'entremise d'Ouvrard en 1810. Quand Napoléon en fut informé : « Savez-vous, monsieur Fouché, que je pourrais vous faire fusiller ? » Il se contenta de le renvoyer, et de donner le ministère de la police à Savary. La même année, Bernadotte devenait prince royal de Suède.

Fouché et Bernadotte se retrouvèrent en présence en 1814. Cette fois, Napoléon était tombé, et Bernadotte se flattait de le remplacer. Mais il n'était plus l'homme de 1809. Entre la France et lui se dressait 1813.

CHAPITRE VIII

La conspiration Malet et la vérité sur les Philadelphes (1812)

Les événements venaient de montrer le danger des absences prolongées de Napoléon. Car, dans l'Empire, tout dépendait de l'Empereur. Lui-même avait eu soin de l'établir doctement dans un article du *Moniteur* (15 décembre 1808), et il avait l'air de s'en étonner, quand il s'écriait, après la conspiration Malet : « Un homme est-il donc tout, ici ? Les serments, les institutions, rien ? »

Cetté faiblesse originelle d'un système dans lequel, en effet, tout reposait sur l'existence d'un seul homme a fait la fragilité de l'Empire. C'est elle qui rendait la fidélité si équivoque, et qui imposait tant de circonspection au dévouement. C'est l'hypothèse d'un *accident*, possible au milieu de tant de batailles, qui suscitait les ambitions des Soult et des Bernadotte, les intrigues des Talleyrand et des Fouché. C'est elle qui a inspiré Malet.

L'idée de Malet, cette idée fixe où on a voulu voir de la folie, était profondément juste. Malet l'avait eue en 1800, en 1808, en 1809 ; il l'exploita audacieucement en 1812. La tentative s'explique sans l'intertion des *Philadelphes* (1).

Malet a passé sa vie à conspirer contre Napoléon. Rien dans ses origines ne le destinait à un pareil rôle.

Claude-François de Malet était né à Dôle le 28 juin 1754, d'une famille de bonne noblesse comtoise. Enrôlé, dès l'âge de dix sept ans, dans une compagnie de mousquetaires, il quitta le service après quelques années avec le brevet de capitaine de cavalerie, et vécut tranquillement à Dôle jusqu'aux approches de la Révolution. Contrairement au reste de sa famille, il en adopta les principes avec ardeur. Ils donnèrent à sa vie une direction toute nouvelle.

(1) Voir : abbé Lafon, *Histoire de la conspiration du général Malet*, 1814; Saulnier, *Éclaircissements historiques sur la conspiration du général Malet*, 1834, in-8°, 48 pages (Saulnier était alors secrétaire général du ministère de la police); Paschal Grousset, *la Conjuration du général Malet*, d'après les documents authentiques, 1869 ; Ernest Hamel, *Histoire des deux conspirations du général Malet*, 1873 ; Albert Duruy, *la Conspiration Malet*. Revue des Deux-Mondes : 1er février 1879 ; enfin, un chapitre des *Mémoires* du chancelier Pasquier, t. II, 1893, Plon.

On pourra consulter également les *Mémoires historiques tirés des archives de la police*, par Peuchet, tome IV (1838), et le *Manuscrit du baron Fain, 1813*, t. I, qui contient des pièces intéressantes.

Les papiers et les documents officiels sont aux Archives Nationales, F. 7, D. 6499.

En 1790, il fut un des représentants du Jura à la fédération nationale et, à son retour, élu commandant de la garde nationale de Dôle. En 1791, il partit avec un bataillon de volontaires, passa adjudant général et combattit sur le Rhin. Mis en réforme pour son esprit frondeur, il fut replacé en 1796, et servit à l'armée du Rhin sous Pichegru et Moreau.

Il protesta contre le Consulat et, en 1800, conçut le projet d'enlever Bonaparte, lorsqu'il se rendit à l'armée d'Italie. Il adhéra cependant à l'Empire. A cette époque, il vint à Paris, où il entra en relations avec le général Servan, ancien ministre de la guerre, et Jacquemont, membre du Tribunat, tous les deux hostiles à l'Empire. Servan mourut au moment où la police allait s'occuper de lui; mais on trouva dans ses papiers le plan détaillé d'un gouvernement provisoire, dans le cas où on se délivrerait de Napoléon.

La police découvrait en même temps une conspiration formée par les *Philadelphes* pour agir sur l'armée. Le membre le plus actif en était Rigomer Bazin, du Mans, ancien volontaire de 92, ancien député du Var à la Convention nationale. Ces efforts de Bazin, ceux que tenta ensuite Malet, employé à l'armée d'Italie, pour faire entrer de ses compagnons d'armes dans les rangs de la Société prouvent bien que, loin d'être exclusivement militaire, comme l'écrit Nodier, comme on l'a répété après lui, elle tendait à le devenir. Y a-t-elle réussi? C'est ce que nous aurons à examiner.

Renvoyé de l'armée en 1807, le général Malet fut arrêté et incarcéré à la Force (1). Il fut relâché, sans jugement, après dix mois de détention. Mais c'est alors qu'il se remit à conspirer.

Il fut affilié, en 1808, à une société de républicains qui avait formé à Paris un comité d'action, rue Bourg-l'Abbé, et qui comprenait parmi ses membres, avec l'énergique Rigomer Bazin, Ève Demaillot, ancien agent départemental du Comité de Salut Public, Florent Guyot, ancien député de la Côte-d'Or à la Convention, l'ancien tribun Jacquemont, devenu chef de bureau au ministère de l'intérieur, quelques autres affidés plus obscurs, et enfin deux généraux réformés, Guillaume et Guillet, dont le premier avait de beaux états de services. Après s'être distingué sous Pérignon, à l'armée des Pyrénées-Orientales, il avait commandé la 9e division militaire (Montpellier), et avait été mis en réforme par le 18 Brumaire.

On croit que quelques sénateurs, et dans le nombre le général Collaud, vieux et sincère républicain, étaient en relations, par Jacquemont, avec le comité de la rue Bourg-l'Abbé.

(1) La Force, maison de détention ouverte en 1782, fut supprimée après l'Empire. Elle était rue du Roi-de-Sicile. Elle avait été aménagée dans un ancien hôtel des familles de Brienne et de La Force.

Malet apporta son plan. Nous en verrons reparaître les lignes principales en 1812. Il consistait à mettre à profit l'éloignement de Napoléon retenu à Bayonne par les affaires d'Espagne. Pour cela, on avait rédigé un sénatus-consulte qui proclamait la déchéance de Napoléon, rétablissait la République, convoquait le peuple à des élections nouvelles, abolissait la conscription, etc.

En attendant, un gouvernement provisoire était confié aux mains de : Rigomer Bazin, *ancien législateur;* Florent Guyot, *id.;* général Malet; Lanjuinais, Lambrecht, sénateurs, renommés pour leur libéralisme; vice-amiral Truguet, qui avait conservé ses sentiments et son langage républicains; enfin Moreau.

On espérait entraîner les troupes en donnant le commandement de la 1re division militaire (Paris) à Masséna. La garde nationale était rétablie et placée sous les ordres de La Fayette. Malet, Guillaume et Guillet devaient prendre le commandement des troupes de la garnison de Paris et occuper successivement, de gré ou de force, les ministères et les administrations publiques. Les ordres, décrets et proclamations à expédier dans les départements, tout était prêt, les postes assignés, les rôles distribués, etc. On devait s'emparer de Cambacérès, qui exerçait la principale autorité pendant l'absence de l'Empereur. Le coup était fixé pour la nuit du 29 au 30 mai 1808. Il échoua.

La police avait déjà recueilli quelques indices, quand Guillaume eut l'imprudence de s'ouvrir du projet au général Lemoine, disgrâcié comme lui, qu'il croyait favorable à ces vues. Lemoine alla trouver le préfet de police Dubois qui agit en conséquence. Les membres du comité Bourg-l'Abbé furent arrêtés, mais ne firent aucun aveu, sauf Guillaume. Ils furent enfermés ; et, pour sa part, Malet retourna à la Force.

En 1809, les affaires d'Essling avaient excité une vive inquiétude. Malet projeta de s'échapper de prison le jour où on chanterait un *Te Deum* à Notre-Dame, d'arriver seul, sur le parvis, en grande tenue, l'épée à la main, précédé de tambours et de drapeaux, et là, de crier à la foule : *Bonaparte est mort ! Vive la liberté !*

Il comptait cerner avec des troupes toutes les issues et enfermer les autorités. On serait allé aux prisons, on aurait délivré les généraux Dupont et Marescot, alors à l'Abbaye. On aurait nommé un gouvernement provisoire, expédié des courriers, etc. L'uniforme et les armes du général étaient déjà déposés dans une maison voisine de la prison. Le complot fut révélé par un détenu, du nom de Sorbi, qui paraît avoir été un agent de Fouché.

Le projet d'ailleurs était bizarre et le ministre de la police se contenta de le traiter d'*incartade*. Toutefois Napoléon, qui avait eu connaissance d'un écrit où Malet exposait ses vues, ordonna de l'enfermer dans une prison d'État. Soit oubli, soit intérêt pour lui, l'ordre fut négligé et Malet oublié à la Force. Mais il était loin d'abandonner son déssein.

Au mois de juin 1812, pour raison de santé, il obtint d'être transféré dans l'établissement du docteur Dubuisson, faubourg Saint-Antoine. Il y trouva MM. Armand et Jules de Polignac, condamnés à mort en 1804, comme complice de Cadoudal, et grâciés sur les instances de Joséphine; le marquis de Puyvert, Berthier de Sauvigny et un abbé Lafon, agent royaliste, arrêté en 1809 à Bordeaux pour avoir travaillé à répandre les protestations pontificales contre Napoléon.

Avec plus ou moins de réticences, il leur communiqua ses plans. MM. de Polignac refusèrent de s'y associer. L'abbé Lafon, qui semble avoir eu beaucoup d'activité avec un goût très vif pour l'intrigue, s'y laissa entraîner. Il écrivit plus tard un récit de cette aventure (1).

---

(1) L'abbé Lafon, né dans la Gironde en 1766, mort en 1836, avait déjà été arrêté en 1795. Après l'affaire Malet, il se cacha à Louhans, sous un faux nom.
En 1814, il se remit en campagne pour les Bourbons. En 1815, il fut nommé sous-précepteur des pages et décoré. Son livre, publié en 1814, est très court (96 pages), mais il contient quelques pièces curieuses, et il respire une singulière admiration pour Malet, bien qu'il n'en partageât pas les idées.

Malet travailla donc avec Lafon, avec un prêtre espagnol du nom de Caamano, resté depuis introuvable, et deux jeunes gens de vingt-huit ans, Rateau et Boutreux. Rateau, caporal de la garde de Paris, était d'une bonne famille de Bordeaux, alliée au baron Rateau, procureur général à la Cour, ce qui le sauva. Boutreux était étudiant à Rennes lorsqu'il y fit la connaissance de Lafon, qui recrutait des jeunes gens pour la bonne cause, tout en plaçant du vin de Bordeaux. Il l'avait retrouvé à Paris. Du dehors, Mme Malet secondait le travail de son mari et fournissait les renseignements.

Naturellement, la supposition de la mort de Napoléon formait la base du complot, et une série d'actes en découlait. C'était d'abord, comme en 1808, un sénatus-consulte qui déclarait Napoléon déchu du trône et organisait un gouvernement provisoire ; puis des décrets qui suspendaient les autorités et en nommaient de nouvelles ; des proclamations au peuple ; des pièces qui assignaient à chaque officier son rôle, etc.

Parmi ceux auxquels étaient destinés des emplois, il s'en trouvait deux qui étaient loin de soupçonner le dessein dont Malet les rendit complices : c'étaient les généraux Lahorie et Guidal.

Lahorie, né à Gavron (Mayenne), avait 47 ans. Officier distingué, il était général de brigade à 30 ans, et chef d'état major de Moreau. Impliqué dans le procès de 1804, il était arbitrairement détenu depuis cette époque, et gardait contre l'Empereur un profond ressentiment. Il venait cependant d'obtenir sa liberté, et il allait partir pour les États-Unis quand Malet lui ouvrit les portes de la prison pour le conduire à la plaine de Grenelle.

Guidal, né à Grasse (Var), était du même âge que Lahorie. Soldat de Louis XVI, officier de la République, il avait commandé dans l'Orne et il fut mis en réforme en 1802. Retiré à Grasse, il y avait été mêlé à une agitation contre l'Empire, dans laquelle trempaient les Anglais et dont nous parlerons plus loin. Arrêté, il allait être traduit en jugement, quand il fut jeté, avec son codétenu, dans l'aventure de Malet.

La fabrication des pièces apocryphes partagée entre Malet qui combinait, Lafon qui retouchait le style et Boutreux qui recopiait, dura plusieurs mois. Elle était conduite avec un art infini. Le faux sénatus-consulte était un chef-d'œuvre dans son genre.

Il comprenait 19 articles. Après avoir annoncé qu'en apprenant la mort de Napoléon, *survenue le 7 octobre, en Russie*, il s'était constitué en séance secrète pour délibérer sur une situation aussi grave, le Sénat proclamait la déchéance de la famille impériale et organisait un gouvernement provisoire de quinze membres, ainsi composé :

Général Moreau, président ; Carnot, vice-président.

Membres : général Augereau, Bigonnet, Destutt de Tracy, sénateurs; Frochot, préfet de la Seine ; Florent Guyot, ex-législateur; Garat, sénateur ; Jacquemont, ex-tribun; Lambrecht, sénateur; Mathieu de Montmorency, général Malet, comte Alexis de Noailles; vice-amiral Truguet, Volney, sénateurs.

Ce sénatus-consulte suspendait les autorités actuelles, nommait Lecourbe général en chef de l'armée de Paris, et Malet commandant de la 1re division militaire, en remplacement du général Hullin.

L'article 19 et dernier disait :

« Le présent sénatus-consulte sera proclamé sur-le-champ à Paris, à la diligence du général Malet, et envoyé à tous les départements et aux armées par le gouvernement provisoire. Signé : le président, Siéyès; Lanjuinais, Grégoire, secrétaires. »

C'était un trait remarquable que de faire du Sénat, principal instrument du régime impérial, l'instrument même de sa suppression. Le Sénat ne fut pas autre chose en 1814. Il était d'une égale habileté de mettre dans le gouvernement provisoire, à côté des républicains qui en formaient la majorité, des royalistes avérés comme MM. de Montmorency et de Noailles, dont les noms devaient rallier les ennemis de l'Empire. On évitait d'ailleurs de se prononcer sur la forme du gouvernement futur.

C'était dans le même esprit qu'était conçue la proclamation au peuple, où l'on se félicitait uniquement de la mort de Napoléon, sans parler de République :

« Citoyens, Bonaparte n'est plus! Le tyran est tombé sous les coups des vengeurs de l'humanité. Grâces leur soient rendues ; ils ont bien mérité de la patrie et du genre humain. Travaillons tous à la régénération publique, etc. »

Mais où Malet excella, ce fut dans la rédaction des ordres de service destinés à chacun des officiers généraux qu'il avait résolu d'employer. Il y mit une telle précision qu'il était impossible de suspecter leur authenticité. Le rôle que chacun avait à jouer, le poste à occuper, la conduite à suivre en cas de résistance, tout était prévu et combiné de telle sorte que, l'impulsion une fois donnée, le mouvement devait s'étendre en quelques heures à toute la machine administrative.

Pour lui, il s'était attribué le principal rôle. Le sénatus-consulte le chargeait de remplacer Hullin. Il prit pour chef d'état-major le général de division Desnoyers, pour sous-chef le colonel Doucet, promu pour la circonstance au grade de général de brigade. Il croyait pouvoir compter sur cet officier, brave et résolu, qui avait fait les campagnes de la Révolution et qu'il savait républicain.

Il écrivit au commandant de la 10⁰ cohorte, le colonel Soulier, pour le prévenir de l'arrivée du général Lamotte, envoyé par Malet. Il adressa des lettres semblables au colonel Rabbe, du 1er régiment de la garde de Paris, au colonel du 32e de ligne et au général baron Deriot, commandant les dépôts de la garde nationale, qu'il chargeait d'occuper « d'urgence » Sèvres et Saint-Cloud, pour l'éloigner de Paris. Enfin, il se ménagea des intelligences dans les casernes de Picpus, des Minimes et de Belleville.

La garnison de Paris était principalement composée de *cohortes* de la garde nationale.

On a vu qu'en 1809, lors de l'expédition de Walcheren, devant l'insuffisance des troupes régulières, le gouvernement avait eu recours à la garde nationale. Malgré son antipathie pour cette institution, pour assurer la tranquillité au dedans, tandis que nos armées étaient occupées au dehors, Napoléon l'avait réorganisée. Un sénatus-consulte du 13 mars 1812 avait réparti la garde nationale en trois bans : le premier, composé des hommes de 20 à 26 ans, non mariés, appartenant aux six dernières classes de la conscription qui n'avaient pas été appelés au service ; le second, de tous les hommes valides, de 26 à 40 ans ; le troisième, des hommes de 40 à 60 ans.

Le premier ban avait été seul levé pour le moment, et cent cohortes mises à la disposition du ministre de la guerre. Chaque cohorte comptait un millier d'hommes d'infanterie avec une compagnie d'artillerie. Elle était commandée par d'anciens officiers.

Les gardes nationales de 1809 avaient marché sans beaucoup d'entrain. Depuis trois ans, le crédit de l'Empire n'avait fait que baisser. La colossale entreprise de 1812 avait redoublé l'inquiétude. Malet pensait avec raison que les troupes des cohortes ne témoigneraient pas d'un profond attachement au régime impérial.

Le travail de Malet était terminé au commencement d'octobre. Depuis quinze jours on était sans nouvelles de Napoléon. Le moment semblait favorable. Malet le saisit, et choisit la nuit du 22 au 23 octobre.

A onze heures, après la soirée passée en commun avec les pensionnaires, Malet, accompagné de Rateau, s'échappe de la maison de santé, court rue Saint-Gilles, chez Caamano, y trouve toute prête et endosse sa grande tenue de général, donne un uniforme d'aide-de-camp à Rateau, un habit de commissaire de police à Boutreux, et, suivi de son pseudo aide-de-camp, se rend à la caserne Popincourt, occupée par la 10° cohorte de la garde nationale.

Il fait réveiller le colonel Soulier, vieux soldat qui avait servi sous Bonaparte en Italie, se présente comme le général Lamotte, envoyé par le nouveau commandant de la 1re division militaire, lui communique le sénatus-consulte et en obtient un détachement. Même scène auprès du colonel Rabbe, et même succès, bien que Rabbe, qui avait trempé dans l'affaire du duc d'Enghien, fût un fougueux partisan de l'Empereur.

Malet dirige alors ses troupes sur la Banque, le Trésor, etc., et, pendant qu'elles agissent, se porte lui-même à la prison de la Force. Il était six heures et demie. Sur son ordre, le gardien n'hésite pas à délivrer les généraux Lahorie et Guidal, tout surpris, et, en même temps qu'eux un Corse, du nom de Boccheiampe, « prisonnier d'État » de profession, transféré de Parme à Paris, qui se trouva lancé dans cet imbroglio, par hasard, qui ne cessa d'en demander l'explication et fut fusillé sans y avoir rien compris.

Sans explication, Malet remet aux deux généraux un pli cacheté qui les charge d'arrêter Savary, ministre de la police générale. Ce qui paraît singulier, ils obéissent. Lahorie perd du temps à parlementer avec Savary, un ancien camarade, mais enfin l'opération est achevée, et Savary est conduit à la Force avec le chef de division Desmaret. Accompagné de Boutreux, Lahorie arrête ensuite le préfet de police Pasquier, qui rejoint Savary à la Force. Pendant ce temps, le colonel Soulier arrêtait Frochot, qui revenait de la campagne, et faisait préparer la grande salle de l'Hôtel-de-Ville pour la réunion du gouvernement provisoire.

Jusque-là tout allait bien. Les détachements prenaient tranquillement possession de leurs postes. L'obéissance était générale. « Dans les deux régiments de la garde, dit Savary, pas une objection ne fut opposée aux ordres de Malet. » C'est Malet lui-même qui compromit le succès.

Au sortir de la Force, il était allé place Vendôme, chez le général Hullin, gouverneur de Paris. Hullin, un des vainqueurs de la Bastille, avait été républicain ; mais ses services, surtout l'affaire du duc d'Enghien, le liaient à Bonaparte. La nouvelle des événements apportés par Malet le trouva incrédule. Il discutait, le temps pressait. — Où sont vos ordres ? demande-t-il à Malet. — Les voici, répond le général en lui tirant un coup de pistolet dans la figure. Hullin tombe, la mâchoire fracassée (il en guérit). Malet l'enferme dans son cabinet et sort.

Toujours escorté du fidèle Rateau, il monte alors à l'état-major de la place pour faire arrêter le commandant Laborde, officier énergique, dont il se défiait. Et il avait raison. Laborde, qui le reconnaît vaguement et qui se rappelle ses histoires, résiste, comme Hullin. Le colonel Doucet qui survient, et que Malet croyait avoir gagné en lui écrivant, appuie la résistance de Laborde. Malet prend un pistolet. Une glace le trahit. Avant d'avoir pu s'en servir, il est entouré et réduit à l'impuissance. Rateau, qui dégaîne pour défendre son chef, est arrêté également. Laborde, qui a tout compris, descend aussitôt sur la place Vendôme, harangue les troupes qui avaient suivi Malet, et leur dévoile l'imposture.

Il était alors midi. Le coup était-il manqué? Pas encore. Malet aurait pû être délivré si Lahorie et Guidal avaient montré plus d'activité. Ils furent arrêtés pendant qu'ils déjeunaient, au restaurant, et aussi étonnés d'être reconduits à la Force qu'ils l'avaient été d'en sortir.

Les dispositions étaient si bien prises que les troupes refusèrent à Pasquier délivré l'entrée de la préfecture de police. Il fut poursuivi à coups de crosse et forcé de se réfugier chez un pharmacien, où il se fit donner des calmants, détail qu'il a omis dans ses Mémoires. Les troupes voulurent également maltraiter Savary; et Laborde, envoyé pour faire cesser le désordre, fut enlevé par les soldats qui le traînèrent malgré lui à l'Hôtel-de-Ville, où ils croyaient retrouver Malet.

L'affaire avait donc été conduite avec une habileté parfaite, et on est confondu des résultats obtenus par Malet avec d'aussi faibles moyens. Le témoignage de Savary n'est pas suspect.

« Sans les contre-temps qui firent manquer une partie de son plan, le général Malet aurait été maître de beaucoup de choses en peu de moments; et dans un pays si susceptible de la contagion de l'exemple, il aurait eu le Trésor, la poste et le télégraphe. Il aurait su, par des estafettes de l'armée, la triste situation où étaient les affaires, et rien ne l'aurait empêché de se saisir de l'Empereur lui-même s'il était arrivé seul, ou de marcher à sa rencontre, s'il eût été accompagné.

« Le danger dont la tranquillité publique fut menacée était grand, et l'on reconnut, malgré soi, un côté faible dans notre position qu'on croyait mieux affermie. On fut surtout frappé de la facilité avec laquelle on fit croire aux troupes la nouvelle de la mort de l'Empereur, sans qu'il vînt à un seul officier l'idée de penser à son fils. »

Tous ceux qui avaient été mêlés à l'affaire furent arrêtés le même jour, sauf l'abbé Lafon et Boutreux. Lafon se déroba à toutes les recherches. Boutreux, qui s'était caché à Courcelles, dans une famille où il avait été précepteur, y fut découvert dans le courant de novembre.

On arrêta d'ailleurs plus d'un millier de personnes. Clarke et Cambacérès ne pouvaient pardonner à Malet de leur avoir fait peur (1).

Une commission militaire fut aussitôt constituée

---

(1) Cambacérès, surtout, fut d'un pitoyable effarement. « Ah, mon Dieu ! dit-il à son secrétaire, qui lui apportait la nouvelle, ils vont venir me massacrer ! Je vous reconnais bien là, mon cher ; vous venez mourir avec moi. » Aussi, Napoléon, au retour, le secoua de main de maître. Voir les mémoires du temps.

sous la présidence du général comte Dejean, avec les membres suivants :

Général baron Deriot, commandant les dépôts de la garde nationale ;

Général baron Henry, major de la gendarmerie d'élite;

Colonel Général, commandant la 18ᵉ légion de gendarmerie ;

Colonel Moncey, premier aide-de-camp de l'inspecteur général de la gendarmerie (c'était le fils du maréchal) ;

Thibault, major du 12ᵉ régiment d'infanterie légère ;

Delon, capitaine adjoint à l'état-major de la 1ʳᵉ division militaire, faisant fonctions de rapporteur.

Le jugement commença le 27, au matin.

Interrogé le premier, Malet revendiqua pour lui seul la responsabilité de ses actes. Au président qui lui demandait : Quels sont vos complices ? il répondit : « La France entière et vous-même, si j'avais réussi. » Toutes ses paroles, d'ailleurs, furent d'une vigueur et d'une concision remarquables, et comme frappées d'une empreinte romaine. Dans ce procès, qu'il conduisit plus que le président, il se surpassa lui-même.

Excepté les trois généraux et le Corse Boccheiampe toujours qualifié de « prisonnier d'État », les autres accusés étaient des officiers et des sous-officiers de la 10ᵉ cohorte et de la garde de Paris. Ils n'avaient fait qu'obéir aux règlements militaires sans discuter la valeur ou la provenance des ordres qu'ils avaient reçus. On ne pouvait donc leur reprocher d'avoir trempé dans le complot.

L'interrogatoire terminé, après avoir établi la matérialité des faits, le rapporteur n'en requit pas moins l'application inexorable de la loi « contre ces soldats infidèles qui ont manqué à la foi jurée à leur Empereur, mis en question tous les principes sur lesquels repose l'ordre social et menacé de replonger la France dans les horreurs de la Révolution ».

Le président ayant dit alors : « La parole est à la défense, » Malet se leva :

« Monsieur le Président, ceci est une étrange ironie. Pas un avocat ne s'est présenté. Au surplus, un homme qui s'est constitué le défenseur des droits de son pays n'a pas besoin de plaidoyer. Il triomphe ou il meurt. »

Et il se rassit. Le président demanda successivement aux autres accusés ce qu'ils avaient à dire pour leur défense. La plupart de ces pauvres gens, anciens officiers de la République et de l'Empire, chargés de famille, se bornèrent à invoquer leurs services. Ce n'était pas pour eux qu'ils craignaient la mort. Ils l'avaient vue de près trop souvent. Un d'eux, le capitaine Borderieux, de la garde de Paris, fut d'une simplicité sublime.

A la question du président : « Borderieux, qu'avez vous à dire, » il répondit :

« Simplement ceci, mon général : J'ai 25 ans de services, 14 campagnes, 5 blessures. Je suis enfant de troupe : *le clocher de mon village, c'est les aigles de l'Empereur*. Ma mère a suivi les armées. J'ai été fait chevalier de l'Empire sur le champ de bataille. Ma femme est blanchisseuse des pupilles de la garde. Je suis trop dévoué à ma patrie pour la trahir. Plutôt périr que de manquer à l'honneur. Vive l'Empereur ! »

Un seul fut assisté d'un avocat. C'était le capitaine Steenhower, de la 1re cohorte, brave soldat hollandais au service de la France, qui fut défendu par son beau-frère, avocat du barreau de Paris, et qui ne fut pas sauvé, d'ailleurs.

Les débats avaient duré toute la journée du 27 et une partie de la nuit. Le 28, à quatre heures du matin, le jugement fut rendu. Il condamnait à la peine de mort, « en réparation du crime contre la sûreté intérieure de l'État, pour un attentat dont le but était de détruire le gouvernement et l'ordre de successibilité au trône et d'inviter les citoyens ou habitants à s'armer, » 14 accusés sur 24, savoir : les généraux Malet, Lahorie et Guidal ; les colonels Soulier, de la

10ᵉ cohorte, et Rabbe, du 1ᵉʳ régiment de la garde de Paris; les capitaines Steenhower, Borderieux, Piquerel; les lieutenants Lepars, Regnier, Beaumont et Lefèbvre, de la garde nationale; Rateau, caporal, et Bocchéiampe « prisonnier d'État ».

L'arrêt devait être exécuté dans les vingt-quatre heures. Mais un sursis fut accordé à Rabbe et à Rateau qui furent épargnés; l'un pour sa participation à l'affaire du duc d'Enghien; l'autre pour sa parenté. Savary fit d'honorables et pressantes démarches pour sauver Lahorie. Clarke et Cambacérès se montrèrent inflexibles. Ceux qui étaient acquittés n'en furent pas moins gardés en prison jusqu'en 1814.

L'exécution eut lieu le 29 octobre, dans l'après-midi. A trois heures et demie, six fiacres s'arrêtèrent devant la prison de l'Abbaye. Dans chacun d'eux montèrent deux condamnés avec deux gendarmes, et le lugubre cortège s'achemina vers cette plaine de Grenelle où, trois ans plus tôt, Argenton avait été conduit pour un bien autre crime. Rue de Grenelle, on croisa quelques étudiants : « Jeunes gens, leur cria Malet, souvenez-vous du 23 octobre ! » Et un peu plus loin, s'adressant à d'autres passants : « Citoyens, nous tombons, mais nous ne sommes pas les derniers des Romains. »

Une foule immense garnissait les abords de la place, contenue par les troupes qui occupaient les trois côtés d'un vaste carré, dont le quatrième était formé par le mur extérieur de l'École militaire.

Les tambours battirent aux champs jusqu'à ce que les condamnés fussent arrivés au centre du carré. Tous, la tête nue, marchaient d'un pas assuré ; Malet, le premier, puis Lahorie et Guidal, Boccheïampe le dernier, qui réclamait vainement un confesseur. On les plaça sur un seul rang, adossés au mur, et dans l'ordre suivant : Malet, au milieu, entre Lahorie et Guidal ; Soulier et Boccheïampe, aux deux extrémités.

On fit battre un ban, puis le rapporteur s'approcha pour donner lecture du jugement. « Misérable ! lui cria Guidal ; tu sais bien que les trois quarts de ceux que tu as fait condamner sont innocents. » Pendant cette lecture, le peloton d'exécution s'était avancé, et le Corse s'était mis à genoux. Il fut le seul.

Malet, de sa voix toujours ferme, commanda le feu. Ils furent criblés à bout portant, et tombèrent tous, excepté Malet qui resta debout, inébranlable, et qui réclama une deuxième décharge. Elle fut tirée. Cette fois, il tomba la face contre terre. Mais il n'était pas encore mort ; il fallut l'achever.

Les cadavres furent placés dans trois charrettes garnies de paille, conduits à Clamart en laissant sur le chemin une longue traînée de sang, et jetés dans une fosse avec de la chaux vive.

Tel fut ce coup de main audacieux et rapide qui aurait passé comme un rêve sur Paris endormi, sans la sanglante exécution de Grenelle.

C'est le 6 novembre, en Russie, que Napoléon apprit à la fois la tentative de Malet et son dénouement. « Dès qu'il fut seul avec ses officiers les plus dévoués, ses sentiments éclatèrent par des exclamations d'étonnement, d'humiliation et de colère (1). »

Suivant Thiers, il aurait regretté avec leur imprévoyance la rigueur de ses ministres. « Les imbéciles ! dit-il au général Lariboisière. Après s'être laissé surprendre, ils croient se racheter envers moi, en fusillant les gens par douzaine. »

Il quitta brusquement l'armée le 5 décembre pour regagner Paris, où il était le 18. Dès le 20, il reçut les grands corps de l'État. En réponse au discours que prononça Lacépède au nom du Sénat, il accusa de nos revers en Russie, du désordre administratif, de la tentative de Malet, qui ? *l'idéologie*, « l'idéologie, cette ténébreuse métaphysique, cause de tous nos malheur, etc. ».

Ce n'était pourtant pas un idéologue que Boutreux qui, découvert à Courcelles, fut à son tour fusillé le 30 janvier 1813. Si Napoléon regrettait le sang versé, il était au moins inutile d'y ajouter celui du pauvre étudiant.

(1) Ségur.

Le vice même du système impérial suffisait à expliquer la conspiration Malet. Toutefois, cette affaire présente de si étranges détails qu'on a voulu en chercher une explication non moins étrange.

Est-il possible, a-t-on dit, que Malet ait conçu un pareil dessein et qu'il ait affronté tant d'obstacles sans le concours d'une association mystérieuse dont il était le chef et dont l'aveugle obéissance lui était assurée ? Un écrivain pousse la théorie plus loin. « Ce n'est pas l'existence d'une société secrète qui peut étonner. Ce qui serait étonnant, précisément, ce serait qu'il n'y eût pas de société secrète (1). »

Voilà comment on fait intervenir les *Philadelphes*.

C'est au lendemain de la chute de l'Empire, qu'il n'aimait pas, que Nodier publia son *Histoire des sociétés secrètes dans l'armée*, livre d'une couleur toute romantique, destiné à encadrer la légende plutôt que l'histoire du colonel Oudet, du 17e de ligne, un des plus braves officiers de la grande armée, et compatriote de Nodier (2).

D'après Nodier, la plus puissante de ces sociétés

---

(1) Pascal Grousset, *Histoire de la conspiration Malet*.
(2) *Oudet* (Jacques-Joseph) né à Maynal (Jura), en 1773, volontaire en 1792, tué à Wagram, en 1809. Sa vie a été retracée dans une intéressante brochure : *le Colonel Oudet* (1792-1809). par B. d'Aussy, Vannes, 1889, in-8° (18 pages). Ce travail fait justice des inexactitudes voulues de Nodier. Aussi bien, Nodier en avait-il redressé quelques-unes dans une seconde édition (chez Charpentier).

aurait été celle des *Philadelphes*, qu'il prétendait connaître pour en avoir fait partie lui-même et qui serait sortie de la Franche-Comté. Elle aurait été formée de républicains résolus, ayant pour dogme la haine de la tyrannie, pour ennemi Bonaparte, et les chefs en auraient été successivement Moreau, Oudet et Malet.

Dans les complots militaires formés sous le Consulat, on voit le nom de Moreau. On n'en sent pas la main. Des *Philadelphes*, il n'en est pas question. Dans les complots du temps de l'Empire trouve-t-on trace du colonel Oudet? Pas davantage. C'était un thème séduisant pour l'imagination que cette lutte personnelle d'un simple colonel contre l'Empereur, mais d'un colonel opposant son armée occulte et mystérieuse à la toute-puissance de Napoléon.

Nodier en donnait comme preuve la mort d'Oudet, tombé dans une embuscade le soir de Wagram, et massacré avec vingt-deux de ses officiers. La vérité est que Oudet, blessé grièvement à Wagram, mourut le 8 juillet, dans une maison d'un faubourg de Vienne, où il avait été transporté.

Quant à Malet, si les *Philadelphes* paraissent mêlés à sa tentative de 1808, ils restent absolument étrangers à celle de 1812.

Cependant, a-t-on dit, tous les papiers envoyés par Malet portaient, avec la signature, la lettre L. Malet étant désigné dans la société sous le nom de *Léonidas*, cette lettre était, pour les affiliés, un signe de reconnaissance, et un ordre muet de concourir au mouvement.

Que Malet ait employé l'influence qu'il pouvait exercer sur quelques-uns de ses compagnons d'armes, influence maçonnique sans doute, il serait puéril de le contester. La *maçonnerie* était alors très répandue dans l'armée, comme le fut, sous la Restauration, la *charbonnerie*. Beaucoup de régiments avaient leurs loges, et il nous reste quelques cachets de ces loges régimentaires. Mais cette influence, il ne semble pas qu'il la tenait alors des *Philadelphes*.

En effet, dans cette affaire de 1812, alors que la police redoublait ses recherches et multipliait les arrestations, comment n'aurait-elle rien recueilli sur une société qui, de l'aveu de ceux qui y croient, comptait alors tant d'adeptes? Est-ce que le gouvernement, au lieu de se laisser prendre en flagrant délit d'impuissance par un seul homme, et par de semblables moyens, n'aurait pas été fort aise de rejeter la conspiration sur une société secrète? Or; Desmaret, qui a servi dans la police pendant tout l'Empire, ne croit pas aux *Philadelphes*, non plus que Pasquier et Savary. Des gens sensés et bien informés, comme Bignon et Thibaudeau, n'y croient pas davantage.

Tous ceux d'ailleurs qui ont raconté la tentative de

Malet, en s'étonnant du succès qu'elle faillit obtenir, paraissent oublier que Malet n'avait agi que sur des soldats, c'est-à-dire sur un mécanisme dont les mouvements étaient réglés d'avance par la discipline. Aurait-il eu le même succès avec une administration civile, où l'initiative personnelle et la réflexion auraient eu plus de part ?

S'ensuit-il que les *Philadelphes* ne soient qu'un mythe inventé par les ennemis de l'Empire ? Il s'en faut de beaucoup. Il y a eu des *Philadelphes;* ils dataient du Directoire; ils étaient surtout nombreux dans la Franche-Comté; ils ont cherché des adhésions dans l'armée; mais leur rôle était plutôt *maçonnique* que *politique*, et la police connaissait leur existence sans en concevoir d'inquiétude; voilà ce qu'on est amené à conclure avec les docunents mêmes de la police.

Il faut avouer que ces documents sont peu nombreux et qu'au lieu de les chercher on s'en est tenu volontiers à la légende, plus flatteuse pour l'imagination, plus commode pour les fictions comme celle de Nodier.

On les trouve dans un carton des Archives consacré à Mme de Staël, et dans lequel sont également des rapports du commissaire de police à Genève, avec quelques autres papiers plus instructifs qu'on le croirait d'abord (1).

(1) Arch. Nat., F. 7, D. 6331.

C'est à propos de Philippe Buonarotti, républicain toscan auquel la Convention avait accordé le titre de citoyen français (parce qu'il se donnait comme descendant de Michel-Ange) et qui avait été condamné sous le Directoire comme complice de Babeuf, c'est à propos de cet incorrigible démagogue, en surveillance à Genève depuis 1806, que la police nous fournit quelques renseignements sur les *Philadelphes*.

Buonarotti avait fondé à Genève une loge maçonnique, les *Amis sincères*, fermée en 1811 par mesure administrative. Il la remplaça par une autre dite du *Triangle*. Le baron Capelle, préfet du Léman, en signalant l'agitation de Buonarotti, constate son affiliation à une société dite des *Philadelphes*, qui existait alors à Genève, et il écrivait au duc de Rovigo, le 20 mars 1812 :

«... Il me paraît difficile que V. E. n'ait pas d'anciennes notions sur cette association de *Philadelphes* que tout annonce exister en France depuis plusieurs années et avoir des ramifications dans l'armée. Cette association, à laquelle le parti Moreau a donné naissance, n'est point tout à fait dans le sein de la maçonnerie, mais s'en sert beaucoup.

« Son mot est *Philadelphie* qu'on se donne en l'épelant mutuellement. La couleur est toute jacobine. Il paraît que des différents corps qui ont passé à Genève depuis plusieurs années ou y ont été en garnison, plusieurs officiers se sont fait reconnaître de l'association ou s'y sont fait recevoir. »

Le préfet dit que Buonarotti, Terray, capitaine en retraite, Villars, maire de Versoix, étaient les chefs de l'association à Genève et qu'ils voulurent y enrôler un capitaine Guignet. « Assez longtemps après qu'ils eurent admis cet officier à une partie des secrets de l'association,... ils voulurent exiger de lui un serment dont le fond était de jurer haine et destruction à la tyrannie, rétablissement de la République, et de promettre fidélité et observance à un chef qu'on ne nommait pas et à des statuts qu'on ne devait montrer qu'après le serment. *Il suppose que le chef était dans l'armée*, c'était le chef présent ; Moreau, autre et principal chef absent, était assez en évidence par le nom et le mot de l'association... » Il termine en disant :

« La chose m'a paru d'autant plus importante que, Sa Majesté étant peut-être au moment de quitter pour quelque temps le centre de son Empire, il devient indispensable de se montrer plus sévère, d'ôter aux factieux tout moyen de nuire et de troubler, etc. »

L'affaire Malet vint donner raison au zèle inquiet de ce fonctionnaire aussi dévoué à l'Empire qu'il devait l'être à la Restauration qui en fit un ministre (1).

---

(1) Le baron Capelle fut ministre des travaux publics dans le cabinet Polignac, et signa les fameuses ordonnances (1830). Condamné par contumace, puis gràcié, il mourut en 1843.

Toutefois, le ministre de la police répondait par une note, où se trouve la phrase suivante : « On doit d'abord observer que l'existence des sociétés des *Philadelphes* est *antérieure* au gouvernement de S. M. Elles ont eu lieu sous le Directoire. Elles étaient alors nombreuses. Leur existence a cessé à peu près après le 18 Brumaire... »

Est-il vraisemblable que l'association eût survécu au 18 Brumaire, subsisté sous le Consulat et pris le développement qu'on lui attribue, sans éveiller l'attention de la police, si active et si diverse, sous Napoléon, et surtout sans exciter en 1812, au lendemain de l'affaire Malet, autre chose que cette note brève et un peu dédaigneuse ?

Le merveilleux dont Ch. Nodier enveloppe son récit se dissipe donc à la clarté des textes, comme les fantômes devant la lumière. Nous n'avons pas eu besoin des *Philadelphes* pour expliquer les événements qui précèdent. Il n'en est pas besoin davantage pour comprendre ceux qui vont suivre.

CHAPITRE IX

Les complots de Tours et de Toulon (1813)

L'année 1813 s'annonçait mal. L'échec retentissant qu'il venait d'essuyer en Russie n'avait pas guéri Napoléon de sa passion pour la guerre ; mais la France n'aspirait plus qu'au repos.

Les charges militaires devenaient intolérables. Le mécontentement causé par la conscription éclatait hautement à Paris, multipliait dans les départements le nombre des réfractaires, et dans les pays alliés, entre le Rhin et l'Elbe, excitait des troubles locaux derrière lesquels se préparait un soulèvement général.

Napoléon traitait ces manifestations de *mouvements de la canaille*, et il ordonnait de les réprimer sans pitié. Mais on sentait que l'écroulement approchait et qu'il y suffirait d'une poussée.

Elle faillit venir de la France même, de cette région de l'Ouest où l'Empire, après la République, n'avait rencontré que défaveur et hostilité.

Pour laisser croire que le pays n'était pas aussi fatigué du despotisme militaire que le disaient ses ennemis, Napoléon imagina de se faire offrir par les *bonnes villes* de l'Empire des cavaliers montés et équipés. L'émulation fut très grande. En quelques semaines, les offres s'élevèrent à 22.000 chevaux et 16.000 hommes. Il était plus facile, en effet, d'obtenir des chevaux que des hommes. Cette combinaison atténua les pertes de notre cavalerie dans la campagne qui venait de finir. Elle ne les répara pas entièrement ; on s'en aperçut à Lutzen et à Bautzen.

Pour augmenter ses ressources, et surtout pour s'assurer des otages, comme il l'avait fait dès 1808, Napoléon décida la création de 10.000 *gardes d'honneur*, par un décret du 3 avril 1813. On attira les jeunes gens des meilleures familles par tous les moyens : choix de l'uniforme, promesse du grade d'officier après un an de service, assimilation à la vieille garde, etc. Le résultat, grâce au zèle des préfets, dépassa toutes les espérances, et les gardes d'honneur furent répartis entre 4 régiments, placés à Versailles, Metz, Tours et Lyon, sous les généraux de Pully, Lepic, de Ségur, Saint-Sulpice.

Le général de Ségur, chargé de l'organisation du 3e régiment (Tours), était fils du comte Louis-Philippe de Ségur, qui fut soldat, diplomate, littérateur, bel homme et homme d'esprit. Hussard en 1800, à vingt ans, il avait servi, pendant le Consulat, sous

Moreau et sous Macdonald. Sous l'Empire, il avait fait les campagnes de Prusse et d'Espagne. Général de brigade en 1811, il s'était signalé dans la campagne de 1812, dont il a laissé le récit dramatique (1). C'est dans ses *Mémoires* qu'on trouve le récit des événements qu'on va lire.

L'effectif du 3ᵉ régiment atteignait près de 3.000 hommes.

Il vint d'abord des Tourangeaux, indolents et paisibles, des Bretons, doux et résignés, des Gascons, vifs et turbulents, des Basques, des Toscans et même des Hollandais, car ces éléments divers contribuaient à la formation du troisième régiment. Enfin, il arriva des Vendéens en grand nombre, pour la plupart bruns, agiles, vigoureux, habitués au maniement du cheval ; et parmi eux des jeunes gens dont les familles avaient pris une part active aux guerres de l'Ouest: des Charette, des Marigny, des Sapinaud, des La Roche-Saint-André, et d'autres, qui ne cachaient pas l'aversion que leur inspirait le gouvernement impérial.

Ségur ne s'en inquiéta pas tout d'abord. « Je ne

---

(1) C'est en 1824 qu'il publia son *Histoire de Napoléon et de la grande Armée*, dont le succès fut immense, et qui lui ouvrit l'Académie française en 1830. Ses *Mémoires*, si intéressants pour l'histoire militaire, n'ont paru qu'après sa mort, en 1873. Ils sont d'un style un peu solennel et apprêté, qui contraste avec la verve et la simplicité toutes militaires de Marbot.

songeais pas assez, dit-il, combien ce titre de gardes offert à l'Ouest de la France pourrait tenter les vieilles passions de quelques anciens conspirateurs du Consulat, et leur donner un criminel espoir toujours dangereux, quelque difficulté qu'il y eût à le réaliser. »

L'arrivée à Tours de Louis de la Rochejacquelein (1), ses conciliabules avec ses compatriotes, les menées dont il devint bientôt le centre ne laissèrent plus de doute au général. Les royalistes conspiraient et ils cherchaient dans les gardes d'honneur le point d'appui que les républicains sous le Consulat, les *Philadelphes* sous l'Empire, avaient cherché dans l'armée.

Leur plan était bien simple. « Comme dans l'Empire tout tenait à l'Empereur, gagner une soixantaine de gardes du 3ᵉ corps ; en laisser partir le plus grand nombre ; se défaire par l'un d'eux de Napoléon, et, sur cette grande nouvelle, pendant que les autres complices insurgeraient, à Tours, le reste du corps, soulever la Vendée, piller les caisses, faire enlever Ferdinand VII de Valençay, le rendre à l'Espagne, livrer en même temps dans l'Ouest un point de la côte aux Anglais pour en recevoir des secours ; et

---

(1) Un des frères du célèbre Henri. C'est lui qui avait épousé la veuve de Lescure et qui essaya d'un soulèvement en 1815. Il fut tué aux Mathes, près de Soullans, dans une rencontre avec la colonne du général Estève, envoyée par le général Travot (4 juin). C'est Travot qui avait été chargé de surveiller la Vendée pendant les Cent Jours. Il y gagna d'être condamné à mort par la Restauration.

enfin forcer Paris à rappeler les Bourbons en le mettant entre deux feux, celui d'une guerre civile et celui d'une invasion étrangère (1). »

Octobre venait de commencer. 2.000 gardes avaient quitté Tours pour l'Allemagne. Il en restait environ 800 et Ségur achevait leur instruction, quand il reçut tout à coup deux dépêches, l'une du ministère de la guerre, l'autre du ministère de la police, la première lui enjoignant de se conformer à la seconde. Celle-ci désignait cinq gardes, prescrivait leur arrestation et leur envoi successif à Paris, en cinq jours, à l'insu des autres et du corps tout entier. Le motif, on le taisait.

Ségur n'avait qu'à obéir. On procéda sans bruit à l'arrestation des quatre premiers gardes désignés. Mais le cinquième, nommé de Lacoste, fut arrêté en plein jour à la parade, par un officier maladroit. Aussitôt effervescence des gardes qui s'avisent de l'absence de leurs camarades, s'excitent les uns les autres, si bien que quelques-uns, en armes, se précipitent chez le général ; et l'un deux, le jeune de Nestumières, le sabre nu et le pistolet au poing, lui crie : « Rendez-nous nos camarades ! Rendez-nous Lacoste ! »

Sur les observations énergiques de Ségur, de Nestumières lui tire à bout portant un coup de pistolet

(1) Ségur, *Mémoires*, t. VI. — Cf. également, Desmaret, ouv. cité.

qui lui brûle les sourcils et le blesse à l'oreille gauche. Après quelques instants de lutte, le général parvient à échapper à ces furieux, et appelle les hommes de garde. Mais ceux-ci avaient disparu, la gendarmerie elle-même avait perdu la tête. Pendant quelques heures, la garnison de Tours fut livrée au désordre. Sans l'ascendant personnel du général, sans la soumission de Nestumières, qui avait des obligations particulières à Ségur, on se demande ce qui serait advenu.

Le calme se rétablit. On dressa une liste d'une soixantaine de gardes dont la plupart étaient déjà en route pour la frontière et qui furent arrêtés et mis en prison. Quelques semaines après, Ségur partit lui-même et rejoignit Napoléon à Mayence. Celui-ci le fit mander, et du plus loin qu'il l'aperçut : « Que viens-je d'apprendre? Qu'est-ce que c'est que cette affaire de Tours? *Encore une conspiration?* — Oui, sire, mais une conspiration d'écoliers. — Comment, d'écoliers? A coups de pistolet?»

Il voulait sévir, mais les événements lui fournirent d'autres soucis. Les gardes en furent quittes pour la prison. Ils furent délivrés par la Restauration qui vit en eux, naturellement, des victimes du despotisme impérial.

Il est juste d'ajouter que leurs camarades ne regardèrent pas aux couleurs du drapeau, et qu'ils se battirent bravement dans les derniers mois de 1813, et surtout pendant la campagne de France. Le 3ᵉ régiment, pour sa part, entraîné par l'exemple de Ségur, enfonça un corps de cavalerie russe, sous les murs de Reims, lui enleva 14 pièces de canon, et laissa nombre des siens sur le champ de bataille, dont le colonel-major de Belmont-Briançon. Les gardes d'honneur furent licenciés après la chute de l'Empire. (Ordonnance royale du 24 juin 1814.)

Ce complot de Tours, si peu connu qu'il soit, l'est cependant plus encore que l'agitation qui couvait dans la Provence depuis plusieurs années et qui se fit jour en 1812 et en 1813, dans des menées étranges dont les contemporains parlent peu, que la police s'est empressée d'étouffer, et dont il faut demander les détails aux documents des archives (1).

Au ressentiment laissé dans la Provence par les sanglantes exécutions de 1793, le blocus continental était venu ajouter une irritation nouvelle. Lyon avait gagné au système du blocus; Marseille y perdit, sa fortune décrut et toute la région en fut atteinte. Aussi Napoléon, populaire à Lyon, était-il détesté à Marseille.

Il s'en aperçut en 1814, lorsque, pour gagner l'île

---

(1) Archives Nationales, F. 7. Dossiers, 6385 et 6386 (papiers du général Guidal); D. 6591 (complot de Toulon).
Archives de la Marine. Correspondance de Toulon, 1813. (Le préfet maritime était alors le contre-amiral l'Hermitte.)

d'Elbe, il dut traverser le pays sous l'uniforme autrichien. Il en conçut contre les Provençaux une malveillance trop peu déguisée. « C'est une méchante race, disait-il alors, que celle des Provençaux. Ils ont commis toutes sortes d'horreurs et de crimes pendant la Révolution, et ils sont tout prêts à recommencer. Mais quand il s'agit de se battre avec courage, alors ce sont des lâches. Jamais la Provence ne m'a fourni un régiment dont j'aurais pu être content. » Jugement injuste si l'on songe aux services rendus par les Provençaux dans les armées d'Italie et d'Espagne et aux brillants officiers sortis du pays comme Mireur, Miollis et tant d'autres.

Depuis plusieurs années, Marseille était le centre d'une vaste conspiration qui avait des comités à Toulon et à Grasse, d'un côté, de l'autre à Nîmes, à Montpellier et même à Toulouse. Elle était formée surtout de royalistes dont le marquis de Puyvert avait été l'agent principal ; mais elle comptait d'anciens républicains, débris du parti jacobin ; et, ce qui est plus grave, elle n'avait pas reculé devant la complicité des Anglais.

Ceux-ci profitaient habilement de la faiblesse de notre marine qui n'avait pu se relever du désastre de Trafalgar. Malgré la surveillance d'une escadre active, commandée successivement, depuis 1807, par les aminaux Ganteaume, Emeriau, Allemand, les Anglais bloquaient notre côte de Provence, y faisaient de fréquentes descentes et se tenaient en communication avec les mécontents.

La police n'ignorait pas ces dispositions du pays qu'elle traitait d' « anarchiques ». Quelques arrestations faites à Grasse par le préfet du Var, dans le courant de décembre 1811, révélèrent un danger dont on ne soupçonnait pas toute la gravité.

Le préfet du Var écrivait au duc de Rovigo, le 9 janvier 1812 :

« ... Il existe un projet de soulèvement général sur toute la côte. On compte sur la misère de la contrée et sur un prétendu mécontentement. Le parti se propose de s'emparer d'Antibes et de Toulon. *On a une planche pour imiter la signature de Sa Majesté. C'est par ce moyen qu'on doit faire de faux ordres pour l'exécution de cette partie du plan.* C'est au mois de mars prochain que tout doit se faire. Les Anglais sont d'intelligence et en correspondance avec le seul chef commandant le pays. Ce chef c'est le général Guidal. » Le préfet ajoute que Guidal est également en correspondance avec l'ancien directeur Barras, alors à Bruxelles ; que le mouvement s'étend à Marseille et dans la région, et que de nouvelles arrestations lui paraissent nécessaires (1).

On commença par celle de Guidal. La police se pré-

(1) Arch. Nat. Papiers Guidal. D. 6385. — On remarquera,

senta, le 22 janvier, à son domicile. Il était alors à Marseille, 22, avenue de Noailles, et souffrant. On le laissa sous la surveillance de deux agents, mais tous ses papiers furent saisis. Le 4 février, il s'échappa et se réfugia chez un de ses amis, le sieur Paban, négociant. Il fut repris le lendemain, envoyé à Paris et enfermé à la Force. Ce sont ses papiers, entassés dans deux cartons des archives, et où on trouve de tout, depuis son dossier militaire jusqu'aux notes de ses fournisseurs, en passant par sa correspondance de famille, qui permettent de reconstituer son histoire et celle des événements auxquels il fut mêlé.

Personnellement, Guidal n'est pas intéressant. Dans le cours de ce livre, nous avons vu passer des figures variées : un intrigant de haut vol, comme Bernadotte ; un grand talent égaré, comme Moreau ; des officiers prêts à tout, comme Donnadieu, Argenton, Sarrasin ; de mauvaises têtes, comme Loison et Fournier ; des conspirateurs endurcis, comme Malet et Buonarotti. Guidal est le type de l'officier médiocre et déclassé. Sa présence aux côtés de Malet lui a fait, dans la légende républicaine, une réputation qu'il est temps de démolir. Il n'y a plus à s'attendrir sur son compte et à lui tresser une couronne civique. Ce fut un traître, simplement.

dans cette lettre du préfet, l'idée qui devait être appliquée si audacieusement par Malet.

Guidal, Maximin-Joseph, plus connu sous le nom d'Emmanuel, était né le 31 décembre 1765, à Grasse, d'une bonne famille de négociants. Sa jeunesse fut assez irrégulière. Après avoir servi quelque temps dans les dragons, il déserta. Mais son père put prévenir les suites de cette équipée.

Lors de la Révolution, il se rendit à Toulon et y fut bientôt nommé chef du 10⁰ bataillon des volontaires du Var (12 septembre 1792). On l'envoya en Vendée. Au bout de quelques années, on le trouve chef de bataillon de la 30⁰ demi-brigade, puis adjudant-général chef de brigade, chargé du commandement de l'École militaire à Paris.

C'est alors qu'il quitta le service et revint à Grasse. Il y épousa une demoiselle Marie-Marthe Bernard qu'on accusait de relations suspectes avec le receveur du district. Le ménage paraît avoir vécu du receveur; et quand le receveur fut à sec, on le quitta pour aller à Paris. Là, on fréquenta chez le directeur Barras, qui était du pays. Naturellement, Mme Guidal devint la maîtresse de Barras, et le mari reprit du service comme général de brigade.

Envoyé dans l'Orne, il y commanda quelque temps. Sous les ordres du général Chambarlhac, il dirigea une colonne contre le marquis de Frotté et se tira assez bien d'affaire pour mériter les éloges de ses chefs. Il demanda ensuite à faire partie de l'armée d'Italie, sous Championnet; enfin, on ne sait trop pourquoi, il fut mis en réforme en 1802. Il avait trente-sept ans.

Il se retira encore à Grasse, où il vécut de sa pension et d'un modeste patrimoine. Sa femme l'avait quitté, après un procès de divorce, lui laissant deux enfants, Martial et Paul, l'un au régiment en 1812, l'autre au lycée de Montpellier. Les rapports de police le représentent comme un homme violent, tracassier, enclin à la boisson, déclamant sans cesse contre Napoléon qui refusait de l'employer, et prêt à se lancer dans toutes sortes d'intrigues.

En 1808, il dénonçait un complot des Anglais contre l'Empereur. En 1812, il conspirait avec eux.

Le préfet du Var écrivait au comte Daru, ministre d'État.

Le 17 février 1812.

Monseigneur, je vous avais annoncé il y a quelque temps comme un soupçon seulement, les intelligences criminelles de l'ex-général Guidal avec les Anglais. Je m'empresse de vous donner avis que ce soupçon est devenu une certitude. Je viens de constater la correspondance et les communications mêmes de Guidal avec l'escadre anglaise : et pour couronner toutes les preuves de sa félonie, j'ai acquis aussi la preuve qu'il avait envoyé son fils à bord des Anglais comme garantie de l'exécution de ses engagements avec eux. Je transmets par le courrier de ce jour avec détails ces nouveaux renseignements à S. E. le ministre de la police générale. Etc. (1).

(1) Arch. Nat. *Ibid.*

C'était vrai. Un capitaine au long cours, ancien lieutenant de vaisseau démissionnaire, Antoine Charabot, cousin de sa femme, était l'intermédiaire de Guidal auprès des Anglais. Aussi, quelques semaines après son arrestation, il jugea prudent de se réfugier sur l'escadre anglaise. Mais son fils, Joseph Charabot, fut arrêté lui-même. Nous allons voir dans quelles circonstances.

Guidal détenu à la Force essaya d'intéresser à son sort ses anciens protecteurs, sans y réussir. Entre temps, il écrivait à Desmaret, de la préfecture de police, une longue lettre où il se prétendait victime du zèle administratif du préfet du Var. « Probablement que la manie de singer Érostrate en voulant se faire valoir par beaucoup de bruit dans le monde est le sentiment dominateur de ce monsieur. » Et il terminait par cette affirmation impudente : « Je vous donne ici l'assurance, *en militaire d'honneur*, que toutes les accusations dirigées contre moi sont absolument fausses, et qu'il n'y a de vrai que mon attachement à mon souverain et mon obéissance aux lois de l'Empire. »

Il allait être renvoyé devant la Cour d'Aix, lorsqu'il fut inopinément délivré par Malet, le 23 octobre, en compagnie du général Lahorie. On sait le reste, et le dénouement, dans la plaine de Grenelle, de cette existence équivoque.

Pendant sa détention, le hasard travaillait contre lui et provoquait d'édifiantes surprises.

Au mois de juillet 1812, des matelots américains déserteurs de la frégate anglaise *Undaunted*, en croisière sur la côte, dénoncèrent les intelligences de cette frégate avec deux espions qui partaient fréquemment de l'île Maire. L'un d'eux fut arrêté, le 19 août, confronté avec les matelots américains, et reconnu : c'était Joseph Charabot (1).

Charabot fils, entré dans la marine en 1802, y était devenu enseigne de vaisseau. Pris à Trafalgar, il avait été conduit en Angleterre et relâché au commencement de 1811. Son père, en apprenant son arrestation, vint lui-même se constituer prisonnier, et fut également reconnu par les déserteurs de l'*Undaunted*, pour s'être rendu plusieurs fois à bord sous un déguisement.

Joseph Charabot fut déféré à une commission militaire siégeant à Marseille, et condamné à mort, au mois de février 1813. Il demanda un sursis sous prétexte de révélations. Il déclara alors qu'il n'était que l'agent d'un comité organisé à Marseille pour provoquer un soulèvement dans le Midi, de concert avec les Anglais. Sur ses indications, la police arrêta plusieurs personnes, entre autres Auffan, enseigne auxi-

---

(1) Archives de la Marine. Dossier Charabot.

liaire; Oletta, capitaine de frégate; Ricard, ancien officier supérieur; Espanet, capitaine de vétérans; Olivier, capitaine d'artillerie de marine; Bourrat, contre-maître à l'arsenal de Toulon, etc. Quelques-uns des prévenus furent mis hors de cause. Mais on arrêta d'autres individus accusés d'avoir eu connaissance du complot dit « anarchiste ».

D'après la déposition du prévenu Guès, commis aux vivres, embarqué sur la canonnière *la Bombe*, on devait surprendre le fort Lamalgue et la ville de Toulon, au moyen d'un rassemblement formé dans les environs. On comptait sur les ouvriers de l'arsenal et les marins de la flotte, même sur les galériens qu'on aurait délivrés. Le coup fait, tous les patriotes de Marseille et ceux des villes voisines auraient accouru en armes. *Le prince Bernadotte* (toujours lui!) *devait arriver avec une armée.* Tout le Midi se fût soulevé. On aurait marché ensuite sur Paris (1).

Ce complot paraissait bien vague et d'une étendue qui prêtait peu à l'exécution. Le gouvernement ne laissa pourtant pas d'être inquiet et recourut à des mesures exceptionnelles. Un décret impérial du 14 avril nomma le prince d'Essling (Masséna) gouverneur de Toulon, avec le commandement supérieur de

---

(1) Interrogatoire de Guès, par Caillemer, commissaire général de police à Toulon, le 3 avril 1813. — Arch. Nat., F. 7, D.' 6591 (complot de Toulon).

la 8ᵉ division militaire (Marseille, général Dumuy), des troupes de la marine et de la garde nationale. Un second décret, du 16, chargea le conseiller d'État, comte Pelet (de la Lozère), d'une enquête spéciale sur l'agitation de la Provence, dans les deux villes de *Marseille* et de Toulon.

Aidé par les deux commissaires généraux de police, Permon et Caillemer, le comte Pelet mena rapidement son enquête, et tous les individus arrêtés furent partagés en deux catégories. Les uns, sous prévention de *complot contre la sûreté de l'État*, furent traduits devant la cour de Nîmes. Ils étaient 61. Ils partirent de Toulon le 18 novembre, en proférant de violentes injures contre Napoléon et en chantant des refrains révolutionnaires. Les autres, sous l'accusation *d'intelligence et communication avec l'ennemi*, furent livrés à une commission militaire, formée par Masséna, en vertu d'un décret impérial du 19 novembre 1813, et siégeant à Toulon.

Ils étaient 13, savoir : CHARABOT (Antoine), ancien lieutenant de vaisseau, démissionnaire; GUIDAL (Martial), officier d'infanterie légère, fils du général ; AUFFAN (Jean), officier auxiliaire de la marine; JAUME (Honoré-Henri), avocat; GIRAUD (Jean-Baptiste), contumace; PABAN (Jean-Joseph-Claude-Michel), négociant; BERGIER (Jacques-Alexandre), fripier; VERNET (Jean-François), pharmacien ; TURCON (Jean), patron pêcheur ; BERNARD (Jean-François), capitaine au long cours ; PICON, patron pêcheur, contumace ; RAYMOND (Jacques), capitaine au long cours ; CAMON, dit Dufour, horloger.

Les fonctions de rapporteur furent confiées à l'adjudant Dandurand, de la place de Toulon, qui nous a laissé le texte imprimé de son réquisitoire (1).

Il commence par donner un aperçu du projet des accusés. Sa phraséologie est la même que celle du rapporteur de l'affaire Malet. Il s'agit, pour Dandurand, de « replonger la patrie dans les horreurs de la guerre civile ».

C'est à Marseille qu'était le foyer de cette « infernale » machination, conduite par des hommes « couverts de crimes et d'opprobres », mais l'objet principal en était Toulon. Et quel moyen s'était-on proposé ? « L'envahissement de Toulon, la surprise du fort Lamalgue, le pillage des caisses publiques, l'arrestation des magistrats, la révolte des troupes de la garnison qu'ils se proposaient de corrompre, la liberté et l'armement des forçats qu'ils jugeaient dignes de figurer dans leurs rangs.

---

(1) « *Extrait du rapport du juge rapporteur dans la procédure dirigée contre 13 individus prévenus d'espionnage ou de complicité d'espionnage traduits par devant la commission militaire créée par décret impérial du 19 septembre 1813.* »
Toulon, in-16 (32 pages,) 1813. Il y a une erreur de date assez singulière. Le décret impérial est du 19 novembre.

« Il entrait dans leur plan de s'emparer des signaux, et quelques-uns des conjurés se repaissaient déjà de l'espoir de vivre en Angleterre avec les capitaux dont leurs services devaient être payés, s'il devenait possible de conserver Toulon. Enfin, les *Jaume*, les *Bergier*, les *Ricard* s'étaient occupés de proclamations. Ils promettaient aux habitants des campagnes l'abolition de la conscription, des droits réunis. Ils garantissaient la paix générale, et cette garantie n'était-elle pas la preuve authentique des traités honteux qu'ils avaient faits avec l'amiral anglais? »

C'était près du Brulat, dans le canton du Beausset (Var), qu'on devait se réunir pour marcher sur Toulon. Mais le rassemblement fut dispersé par la troupe ; un paysan fut tué, quelques-uns blessés, d'autres pris ; enfin, les chefs furent arrêtés. « Tel est l'aperçu de la conspiration qui devait éclater dans le Midi de l'Empire, et dont le but était de renverser le gouvernement actuel, d'appeler à cet effet sur nos côtes nos plus cruels ennemis et de faciliter leur débarquement sur plusieurs points du département des Bouches-du-Rhône. »

Après ce préambule, le rapporteur examine les griefs reprochés à chacun des accusés, surtout à Charabot, ce qui le conduit aux relations du général Guidal avec les Anglais, relations où la cupidité tenait autant de place que la politique.

Elles remontaient à 1809. C'est Guidal qui avait fait les premières ouvertures. C'est lui qui avait eu l'idée de laisser son fils comme otage. Mais les Anglais s'en étaient rapportés à sa bonne foi. Quant à la besogne de Guidal et à ses petits profits, on en peut juger par l'extrait suivant :

« *Guidal* se rendit au rendez-vous vers les quatre heures de l'après-midi. Ils partirent à l'entrée de la nuit dans le bateau de *Turcon*... et, à sept heures du matin, ils abordèrent, près de la Ciotat, la frégate anglaise *l'United*, à quatre lieues environ de la côte. Le capitaine de *l'United* transporta Guidal et Charabot seulement à bord du vaisseau-amiral *le Saint-Joseph*. Sir Charles Cotton fit le meilleur accueil à l'ex-général, à qui il fit rendre les honneurs de son grade. Après quelque temps de conférence, *pendant lequel sir Charles Cotton prenait des notes sur les renseignements que lui donnait l'ex-général*, cet amiral remit une lettre à celui-ci, et Guidal et Charabot quittèrent le vaisseau pour se rendre à bord de la frégate *l'United* qui les débarqua sur l'île Maire, d'où ils se rendirent dans le bateau de Turcon au même point d'où ils étaient partis. Paul Julia a assuré à Charabot *que ce voyage avait valu à Guidal 30.000 francs...* »

Comme on le voit, les marins comme Turcon, Bernard, Raymond, mettaient leur profession au service de ces menées ; d'autres, comme Giraud, ancien commissaire du Directoire, Paban, négociant de Marseille, aux relations étendues, l'avocat Jaume, s'occupaient plus spécialement de la propagande ; d'autres, comme Charabot et Auffan, cet enseigne auxiliaire, accompagnaient Guidal ; d'autres enfin, comme le fripier Bergier, mettaient leur magasin à la disposition des conjurés et s'inspiraient des procédés de Malet à Paris.

« C'est le même Bergier qui, à deux reprises, arbora presque publiquement l'étendard de la révolte, en paraissant, dans la nuit du lundi de Pâques et celle du 30 avril, *en uniforme d'officier général,* à la tête d'un rassemblement venu du Beausset et autres lieux. *Il avait pour aides de camp* les nommés Burle et Borelli... »

Le rapporteur se montrait plus indulgent pour le jeune Guidal, qu'on ne pouvait rendre responsable du crime de son père et qui ne devait qu'à lui de s'être trouvé en relations avec les Anglais. Il en tirait un mouvement d'éloquence, dans le goût du temps.

« C'est par suite de cette machination infernale, c'est d'après cet acte de barbarie de la part d'un père que Guidal fils a été traduit devant la commission militaire. Pourquoi faut-il que l'auteur de ses jours ne soit pas le témoin de l'abîme dans lequel il l'a plongé ? C'est dans la présence de son fils en pleurs, prêt à recevoir la mort des traîtres, qu'il trouverait la juste punition de ses crimes. Guidal père n'est plus, mais il est une justice divine. L'ombre de ce parricide est sortie du fond des tombeaux. Elle erre dans cette enceinte ; j'entends ses cris lamentables, et l'aspect de ce fils qu'il a flétri dans son printemps et qu'il a pu conduire à l'échafaud doit être pour ses mânes le premier et le plus cruel des supplices. »

Cette exception faite, le dithyrambique adjudant appelait sur les autres accusés toutes les sévérités de la loi.

La commission rendit son jugement le 20 décembre 1813. A l'unanimité, elle condamna à la peine de mort et à la confiscation des biens : *Charabot, Jaume, Bergier, Paban, Turcon, Bernard, Raymond, Auffan*, plus *Giraud* et *Picon*, contumaces ; tous convaincus d'espionnage ou de complicité d'espionnage avec l'ennemi. Elle condamna à cinq ans de prison *Camon*, dit Dufour ; renvoya *Vernet* devant les tribunaux compétents et acquitta *Guidal*, qui fut mis à la disposition du ministre de la guerre.

Le jugement fut exécuté le lendemain, à onze heures du matin. Six des prévenus furent fusillés sur le Champ-de-Bataille. Par ordre de Masséna, il fut sursis à l'exécution de *Charabot* et de *Jaume*. Peu importe ce qu'ils sont devenus.

Enquêtes, arrestations, commissions extraordinaires, exécutions capitales, tout cela dénotait un désordre que les Anglais mettaient à profit. Ils continuaient leurs attaques sur le littoral et leurs intelligences dans l'intérieur. Ils envoyaient des ballots de *Moniteurs* apocryphes et de libelles contre Napoléon. C'est au milieu de cette crise qu'arriva la chute de l'Empire. La nouvelle en fut reçue avec enthousiasme dans la région. Le 20 avril, Toulon arbora le drapeau blanc.

Puis vinrent les Cent jours et la deuxième Restauration. C'est alors que le masacre des Mameluks, à Marseille, et l'assassinat du maréchal Brune à Avignon, répondirent aux exécutions de 1813, et que les « anarchistes » passèrent pour des patriotes.

Mme Guidal, pour sa part, se souvint qu'elle avait été mariée pour battre monnaie avec ce triste passé. Avec une aimable façon d'accommoder l'histoire, elle écrivit à Louis XVIII la lettre suivante :

Sire, la dame Marie-Marthe Bernard, veuve Guidal, a l'honneur de vous exposer que le sieur Guidal, son mari, a servi pendant quinze ans dans les dragons sous le règne de Louis XVI, votre auguste frère. Au commencement de la Révolution, la crainte de compromettre sa famille le retint en France où il fut forcé de suivre la carrière militaire, n'ayant d'autre état que celui des armes. Bientôt ses talents militaires l'élevèrent au grade de général commandant en Vendée. Le général crut avoir trouvé le moment favorable de renverser le gouvernement révolutionnaire et de rendre à la France le roi légitime par la facilité qu'il avait de communiquer avec les vrais royalistes de la Vendéé. Il se ménagea plusieurs entrevues avec le général Frotté et c'est avec lui qu'il concerta un plan de contre-révolution. Mais l'arrestation de Frotté détruisit tous ses projets et le rendit suspect à Bonaparte, qui l'exila dans son département.

C'est pendant son exil que le général Guidal s'occupa sérieusement de son projet qui lui parut difficile à exécuter sans le concours d'une force majeure. Dans cette persuasion il se rendit à bord de l'escadre anglaise. L'amiral anglais après avoir approuvé son plan, promit le secours nécessaire pour l'exécution de cette noble entreprise.

Le général Guidal, pour marquer son dévouement à son roi et la sincérité de ses promesses, donna son fils en otage. Cependant le général, trahi par de faux frères, fut arrêté à Marseille et conduit à Paris, où il a été victime de son dévouement pour son roi. Etc.

La lettre se termine par une demande d'argent et elle est signée : « *Veuve* GUIDAL ; Marseille, 27 juillet 1815. »

D'un autre côté, et sur les instances de Mme Guidal, l'amiral Exmouth, commandant en chef de l'escadre anglaise de la Méditerranée, adressait à Louis XVIII une lettre où il rappelait les services rendus à la cause royale par l'homme qu'on avait fusillé comme républicain.

Il y déclarait « qu'un officier du rang de major général, nommé Joseph Guidal, fut employé par le prédécesseur du soussigné, sir Charles Cotton, et fut recommandé par ledit amiral comme digne de la confiance la plus entière pour être chargé de la correspondance *entre le parti royaliste dans le Midi de la France et la flotte anglaise devant Toulon*, pour porter diverses instructions aux partisans du roi ; qu'il fut employé dans le même objet pendant toute la durée du commandement du soussigné dans les années 1811 et 1812, jusqu'à ce qu'il fut tué à Paris avec plusieurs autres personnes qui avaient formé le projet de renverser Bonaparte pendant son absence en Russie, etc. » Signé : Exmouth (1).

Restons sur ce morceau qui est un terrible commentaire du réquisitoire Dandurand. Nous sommes édifiés maintenant sur la valeur et le rôle du général Guidal.

Sa mort, aux côtés de Malet et de Lahorie, avait été pour sa mémoire une bonne fortune. Mais il est impossible désormais de le laisser en aussi honnête compagnie.

Qu'en faire ? Laissons-le aux royalistes. Sous l'Empire, comme on vient de le voir, ce parti n'a été difficile ni sur le choix des moyens, ni sur celui des hommes.

(1) Ces deux lettres sont aux Archives Nationales. *Ibid.* D. 6499.

CHAPITRE X

Les trahisons de 1813.

1813, dont le nom résonne avec tant d'éclat dans l'histoire, est l'année de toutes les trahisons.

Marquée en France par les complots de Tours et de Toulon, elle l'est, au dehors, par les défections des généraux et des peuples. C'est Jomini qui passe à l'ennemi ; c'est Moreau qui figure dans l'état-major des alliés ; c'est Bernadotte qui fait tirer sur nous à Leipzig. C'est la trahison des Saxons et des Bavarois, et toute l'Allemagne retournée contre nous. C'est enfin le soulèvement de la Hollande, qui devance l'invasion et commence l'écroulement de l'Empire.

Napoléon avait rejoint la Grande Armée dans la vallée de l'Elbe. Il avait à lutter contre la Russie et la Prusse. L'Autriche se réservait encore.

Dans une brillante campagne de printemps, il battit les alliés à Lutzen et à Bautzen et les rejeta jusque sur l'Oder. Mais il commit l'énorme faute de signer l'armistice de Plesvitz, qui souleva autour de lui les réclamations les plus vives (5 juin). D'autant plus qu'il y joignit le tort de se brouiller avec l'Autriche. Celle-ci, après la fameuse et inutile entrevue de Metternich avec Napoléon, à Dresde, entra dans la coalition. La rupture fut consommée le 10 août 1813. Le 14, le général Jomini passait à l'ennemi.

Le lendemain, Napoléon écrivait à Cambacérès : « L'Autriche nous a déclaré la guerre. L'armistice est dénoncé, et les hostilités commencent. J'augure bien de la campagne. Moreau est arrivé à l'armée russe. *Jomini, chef d'état-major du prince de la Moskowa, a déserté.* C'est celui qui a publié quelques volumes sur les campagnes, et que depuis longtemps les Russes pourchassaient. Il a cédé à la corruption (1). »

(1) *Jomini* (Henri, baron de) était né à Payerne, dans le canton de Vaud, en 1776, et mourut à Passy en 1869. Voir sur lui et les événements dont il est ici question : *Jomini ; campagne de 1812-1814*, avec des documents inédits et une biographie, par le colonel fédéral Lecomte, 2 vol. in-8°, 1886.

Sainte-Beuve, dans les cinq articles qu'il lui consacre (*Nouveaux lundis*, t. XIII), montre un peu trop d'indulgence pour ce personnage dont la valeur a été exagérée. Il ne faut pas davantage s'en rapporter au général Hogendorp, qui écrit de lui : « Je ne pouvais assez m'étonner de l'ineptie de cet homme qui se croyait et que beaucoup de gens ont cru un vrai génie militaire. » Hogendorp, gouverneur de Lithuanie en 1812, avait eu des démêlés avec Jomini, alors gouverneur de Vilna. — Voir *Mémoires du général Hogendorp*, publiés par son petit-fils. La Haye, in-8, 1887.

Les principaux ouvrages de Jomini sont : le *Traité des grandes opérations militaires*, le *Précis de l'art de la Guerre*, et l'*Histoire critique et militaire des guerres de la Révolution* (15 volumes). Il en a écrit beaucoup d'autres.

Jomini était Suisse. D'intéressantes études sur les campagnes du grand Frédéric lui avaient fait croire qu'il était né général. Entré au service de la République Helvétique en 1799, puis de la France en 1803, il avait été attaché à l'état-major de Ney. En 1810, poussé par l'ambition, il avait obtenu d'aller en Russie. Il y avait été aide de camp d'Alexandre, dont les événements de 1812 l'avaient séparé. En allant le retrouver en 1813, il ne cédait pas à la *corruption*, comme l'écrivait Napoléon qui le jugea moins sévèrement plus tard. Il venait de contribuer à la victoire de Bautzen, et il avait été oublié dans les récompenses.

Il n'apportait pas nos plans aux alliés, ni même la situation du corps de Ney. Il donnait seulement un triste exemple, qui ne fut que trop suivi.

Il arriva le 16 août à Prague, où se tenaient les alliés. Alexandre le reçut avec bienveillance, mais l'état-major lui tourna le dos. Ce n'était pas Alexandre qui commandait. Tout était préparé et décidé au quartier général autrichien dans l'entourage de Schwartzenberg, auprès de qui se trouvaient surtout le chef d'état-major Radetzky, et l'émigré saxon Langenau. Le premier mot de Langenau fut peu engageant. Il dit à Radetzky : « Il faut enterrer ce Jomini, sinon, c'est à lui qu'on attribuera tout ce que nous ferons de bien. »

Aussi Moreau, la première fois qu'il se rencontra avec Jomini, partagea sa déception. « Hélas ! mon cher général, nous avons fait tous les deux une sottise. Si j'avais pu m'attendre à devenir le conseiller d'un général autrichien, je n'aurais pas quitté l'Amérique. »

Moreau n'avait pas sollicité le triste honneur de marcher contre nous. Une lettre flatteuse d'Alexandre, apportée aux États-Unis par l'émigré Hyde de Neuville, l'avait arraché à sa retraite de Trenton, aux bords de la Delaware, et ramené en Europe.

Son retour fut comme une marche triomphale.

Il débarqua à Gotheborg (Suède), le 26 juillet 1813, précédé d'un ordre du jour de Bernadotte qui souleva, devant les pas du général, une allégresse extraordinaire. On regardait sa présence *comme un renfort de 100.000 hommes* (expression du maréchal suédois d'Essen).

De Gotheborg, il se rendit à Stralsund où il fut reçu par le prince royal avec tous les honneurs militaires, aux cris de joie de la population qui le saluait comme un libérateur. Moreau et Bernadotte tombèrent dans les bras l'un de l'autre. Ils passèrent trois jours ensemble sans se quitter, dressant de concert le plan qui devait assurer la paix à l'Europe.

En traversant la Prusse pour se rendre au quartier général des alliés, Moreau fut accueilli partout avec enthousiasme. Les aubergistes refusaient son argent, s'estimant assez payés par l'honneur d'un pareil hôte. Les maîtres de poste lui donnaient leurs meilleurs chevaux. S'arrêtait-il un moment, sa voiture était entourée d'une foule immense, avide de le voir et de l'applaudir. A Berlin, la multitude s'entassait dans les rues voisines de son hôtel. Les princes et les généraux lui apportaient leurs hommages. Sur sa route il trouva des déserteurs italiens et allemands qui demandèrent à servir sous ses ordres. Pauvre Moreau ! Que valait cette popularité auprès de celle qu'il aurait obtenue en reprenant simplement sa place dans nos rangs ? Et quel spectacle que celui de Moreau et de Napoléon réconciliés devant les dangers de la patrie, en face de l'Europe coalisée !

A Ohlau sur l'Oder, Pozzo di Borgo, ce Corse haineux, lui apprit que l'Autriche venait de se joindre aux alliés, et qu'il était attendu avec impatience. Il atteignit enfin Prague où il vit Alexandre et sa famille, l'empereur d'Autriche, le roi de Prusse, Schwartzenberg et les généraux.

Il fut reçu avec une amitié extraordinaire par Alexandre, qui s'entretint plusieurs heures avec lui et le conduisit auprès de ses sœurs, les grandes duchesses d'Oldenbourg et de Saxe-Weimar.

Lorsqu'il parut devant l'empereur d'Autriche, celui-ci le remercia de la discipline sévère qu'il avait maintenue parmi les troupes françaises lorsqu'il occupait ses États, ajoutant que cette conduite de Moreau avait contribué à rendre la guerre moins onéreuse pour les paysans de ces parties de l'Allemagne (1). Alexandre le présenta enfin au roi de Prusse qui lui fit l'accueil le plus flatteur.

Lorsqu'Alexandre avait négocié l'entrée de l'Autriche dans la coalition, il avait proposé Moreau comme généralissime. Mais M. de Metternich avait exigé, sous menace de rupture, que ce titre fût déféré au prince de Schwartzenberg. L'empereur en exprima ses regrets à Moreau qui répondit : « Sire, je comprends la répugnance de l'Autriche. Si Votre Majesté m'avait fait l'honneur de me consulter plus tôt, je lui aurais conseillé de réclamer pour elle-même ce suprême commandement; toute opposition disparaissait devant un tel chef. J'aurais été votre major général, les opérations n'auraient eu qu'une seule direction. Maintenant je ne puis offrir à Votre Majesté que les conseils dictés par ma vieille expérience. Que Dieu nous soit en aide ! »

Il fut donc réduit à figurer dans l'état-major im-

---

(1) Sur l'attitude de nos troupes en Allemagne et leurs relations avec les pays conquis ou traversés, voir de curieux détails dans un livre récent : *les Armées françaises jugées par les habitants de l'Autriche*, d'après des lettres de l'époque 1797-1800-1809, par R. Chélard, 1 vol. 18°, 1893. On y trouve justifiée l'appréciation de François II.

périal, presque inutile, aigri, tourmenté par le regret, comme il le laissait voir à Jomini, ne trouvant de distraction que dans la société des grandes duchesses qui mettaient une grâce délicate à lui faire oublier son infortune, soutenu par la confiance d'Alexandre et par le dévouement de son ancien aide-de-camp Rapatel, de Rennes, attaché, lui aussi, au service de la Russie, en compagnie du comte de Rochechouart (1).

Les alliés avaient arrêté leur plan dans les conférences de Trachenberg. Il consistait à négliger la ligne de l'Elbe occupée par Napoléon, à déboucher brusquement de la Bohême et à courir sur Leipzig pour nous prendre à revers. Mais ce plan était dangereux. Il exposait les alliés à être coupés eux-mêmes de leur ligne de retraite sur la Bohême. Jomini l'avait déjà montré. Moreau l'appuya. Le 22 août, au camp de Commotau, le plan fut modifié. Dresde, où Napoléon avait établi ses quartiers, devint, au lieu de Leipzig, l'objectif des alliés.

C'est dans ces circonstances que fut livrée la bataille de Dresde.

Elle dura deux jours. Le premier jour (26 août),

(1) Voir *Souvenirs sur la Révolution, l'Empire et la Restauration*, par le général comte de Rochechouart, 1 vol. 8º, 1889, Plon. — Rochechouart, qui avait vingt-cinq ans en 1813, avait été placé auprès d'Alexandre, par le crédit du duc de Richelieu, mais il avait déjà passé par de nombreuses aventures qu'il raconte avec beaucoup de verve et d'esprit.

l'action commença trop tard et avec trop peu de vigueur. On n'avait affaire qu'à Gouvion-Saint-Cyr, qui aurait succombé si les ennemis avaient attaqué sur toute la ligne et avec toutes leurs forces. Moreau disait au tsar : « Mais qu'est-ce que l'on fait donc ? Pourquoi n'avance-t-on pas ? D'après la mollesse de la défense, Napoléon n'est pas là : nous n'avons affaire qu'à un corps de son armée. »

L'empereur le conduisit à Schwartzenberg, et le pria de renouveler ses observations. Schwartzenberg y répondit par de telles raisons que Moreau s'écria, en jetant son chapeau à terre : « Eh, sacrebleu ! Monsieur, je ne suis plus étonné si, depuis dix-sept ans, vous êtes toujours battu ! »

L'Empereur l'emmena pour le calmer. Avec son expérience, Moreau l'avait deviné. Napoléon n'était pas dans Dresde. Il était de l'autre côté de l'Elbe, mais il accourut le soir, au canon, et la bataille reprit le lendemain. Cette fois, les alliés reculèrent. Vers midi, Moreau était aux côtés d'Alexandre, quand un boulet lui fracassa la jambe droite, traversa son cheval et lui emporta le mollet gauche.

« C'est un boulet providentiel, dit le prince Repnin, aide de camp de l'Empereur. Car, après tout, ce n'est pas beau de combattre dans les rangs des ennemis de sa patrie. Et puis, ajoutait-il, avec l'orgueil d'un véritable Russe, *si Moreau eût vécu, on lui eût attribué tous les succès de la campagne*, et c'est à nous qu'ils appartenaient (1). »

C'était le mot du Saxon Langenau, à propos de Jomini. Voilà le premier châtiment des traîtres.

Moreau subit avec un grand courage l'amputation des deux jambes. Mais la bataille était perdue. C'est pour échapper aux Français, qu'entouré des ennemis qu'il avait vus fuir autrefois le vainqueur de Hohenlinden fut transporté jusqu'à Laun. Il s'y éteignit le 2 septembre. Jusqu'au dernier moment, il n'avait cessé de répéter : « Je ne suis pas coupable. Je ne voulais que le bien de ma patrie. Ce Bonaparte aura toujours été heureux ! »

Telle fut la triste fin d'une existence qui aurait pu être si belle. Car Moreau, chef d'armée, balançait la réputation militaire de Bonaparte; et Moreau, dans la vie privée, avec ses vertus civiques et le prestige de ses victoires, semblait aussi grand que le Premier Consul dans sa toute-puissance (2).

(1) *Journal d'un sous-lieutenant de cuirassiers*. Genève, 1859, in-8°. C'est la capture d'un chien égaré dont le collier portait ces mots : *J'appartiens au général Moreau*, qui apprit à nos soldats, le soir de la bataille, la présence de Moreau dans les rangs des alliés.

(2) Il fut inhumé dans l'église cathédrale de Saint-Pétersbourg.
Louis XVIII accorda à sa veuve, née Hulot, tous les honneurs dont jouissaient les veuves des maréchaux. Bernadotte s'intéressa toujours à elle et dota sa fille. Isabelle Moreau, nommée demoiselle d'honneur de l'impératrice de Russie, épousa le comte de Courval.
Quant à Rapatel, il ne survécut pas longtemps à son général.

Vainqueur à Dresde, Napoléon n'avait pu empêcher la défaite de ses lieutenants. Macdonald, laissé en Silésie, fut battu à la Katzbach, le 26 août. Vandamme, pris entre les Russes et les Prussiens sur le revers des monts de Bohême, fut écrasé à Kulm, le 30, et forcé de capituler. Son échec découvrait notre droite. Au nord, Oudinot, chargé de menacer Berlin, avait été vaincu à Gross-Beeren, et Ney, qui le remplaça, le fut également à Dennevitz (5 septembre). Notre gauche était débordée. Napoléon recula alors de l'Elbe sur la Saale, vers Leipzig. C'est là que les trois armées des alliés, débouchant du Sud, de l'Est et du Nord, sous Schwartzenberg, Blucher et Bernadotte, s'étaient donné rendez-vous pour l'écraser. C'est là aussi qu'éclatèrent les défections qui firent comme cortège à la trahison de Bernadotte.

Bernadotte avait été élu prince de Suède en 1810. Éloigné de la France par le blocus continental, con-

---

Il fit, avec nos ennemis, la campagne de France. Après avoir, de concert avec Rochechouart, encouragé à Troyes le complot royaliste de MM. de Vidranges et de Gouault, il fut tué au combat de Fère-Champenoise (25 mars 1814).

Touché, ainsi que l'état-major russe, de l'héroïsme de nos gardes nationaux, il s'était avancé vers ces braves gens et les invitait à poser les armes quand il fut abattu d'un coup de feu. Un de ses frères, capitaine d'artillerie, commandant l'artillerie de la division Pacthod, était dans le carré d'où partit cette balle vengeresse. Il fut lui-même fait prisonnier, et recueilli par Rochechouart qui lui apprit la mort du colonel Rapatel.

L'histoire des guerres a de ces rencontres singulières. — Voir, Rochechouart, *Souvenirs*, ch. 4. p. 316.

traire aux intérêts de ses nouveaux sujets, il s'était, en 1812, rapproché de la Russie pour obtenir la Norwège. En 1813, il marchait contre nous pour obtenir la France. Ce qu'il n'avait pu faire avec les complots de 1802, avec les intrigues de 1809, avec le concours de Moreau, qu'un boulet venait de lui enlever, il allait le faire avec les ennemis de son pays.

Pourtant, il hésitait encore. Vainqueur de Ney à Dennevitz, il n'avait pas poussé sa victoire et s'attardait en chemin. Il voyait clair dans les encouragements que lui prodiguaient des amis d'aussi fraîche date que les souverains de la coalition. Le comte de Rochechouart, qui lui fut envoyé quelques jours après pour presser sa marche, nous l'a dépeint sur le vif.

Ce vilain homme était un homme charmant. A Zerbst en 1813, comme à Rennes en 1802, il avait l'art de séduire tous ceux qui l'approchaient. Rochechouart y fut pris comme les autres.

« Bernadotte, prince royal de Suède, avait alors quarante-neuf ans. Il était grand et élancé. Sa figure d'aigle rappelait tout à fait celle du grand Condé. Sa chevelure épaisse et noire s'harmonisait avec le teint mat des habitants du Béarn, sa patrie. Sa tournure à cheval était très martiale, peut-être un peu théâtrale; mais sa bravoure, son sang-froid au milieu des batailles les plus sanglantes faisaient oublier ce petit défaut. Il est impossible de rencontrer un homme de manières et de langage plus séduisants; il me captiva entièrement, et si j'avais été attaché à sa personne, je lui aurais été sincèrement dévoué (1). »

Bernadotte, de son côté, fut heureux d'avoir affaire à un Français et à un gentilhomme. Il s'abandonna à discourir, et se laissa voir tel qu'il était avec un singulier mélange de vanité et de ruse gasconnes.

En parlant des grands cordons que lui envoyaient les souverains pour sa victoire, il disait : « *Entendez-vous, mon ami!* Qui est-ce qui aurait dit, il y a vingt ans, au pauvre sergent Bernadotte : Tu seras traité de monsieur mon frère et ami par l'empereur de Russie, l'empereur d'Autriche et le roi de Prusse ? Car toutes ces Majestés sont très aimables et très polies pour moi. » Mais il n'en était pas dupe, et il reprenait :

« *Entendez-vous bien, mon ami.* Il faut beaucoup de prudence dans ma position : elle est si délicate, si difficile! Outre la répugnance bien naturelle que j'ai à verser le sang français, j'ai ma réputation à soutenir; je ne m'abuse pas : mon sort tient à une bataille. Si je la perds, je demanderais un écu de six

---

(1) Comte de Rochechouart, *Souvenirs*, ch. IV, pp. 248 et suivantes. — Le colonel de Gonneville avait éprouvé une impression semblable, et la traduit en termes aussi flatteurs.

francs à l'Europe, personne ne me le prêtera. »

Ce qui ne l'empêchait pas de laisser échapper cet aveu énorme, qui découvrait le fond de sa politique :

« Si je pouvais ne m'en prendre qu'à Napoléon, cela serait bientôt fait. Bonaparte est un coquin, il faut le tuer. Tant qu'il vivra, il sera le fléau du monde. Il ne faut plus d'empereur, ce titre n'est pas Français. Il faut à la France un roi, mais un roi soldat. La race des Bourbons est une race usée qui ne remontera jamais sur l'eau. *Quel est l'homme qui convient mieux que moi aux Français ?* »

Sur les instances de Rochechouart et de Pozzo di Borgo, il leva le camp, franchit l'Elbe au-dessous de Dessau et descendit sur Leipzig. En le laissant partir pour la Suède, en 1810. Napoléon avait dit : que les destins s'accomplissent! Ils s'accomplirent.

On s'était battu toute la journée du 16 octobre autour de Leipzig, et le cercle des ennemis se resserrait autour de nous. Le 17 passa sans combat, sous une pluie torrentielle. Il fallait en profiter pour battre en retraite par le pont de l'Elster et Lindenau. Napoléon préféra attendre. Mais le 18, Bernadotte arriva avec l'armée du Nord (Russes et Suédois).

Son costume était étrange et théâtral, un peu comme celui de Murat, de notre côté. Monté sur un grand cheval blanc, il était revêtu d'une pelisse en velours violet, chargée de brandebourgs d'or, coiffé d'un chapeau entouré de plumes blanches, surmonté d'un immense panache aux couleurs suédoises, et il tenait à la main un bâton de commandement en velours violet, orné à chaque bout d'une couronne royale en or.

Il s'avançait sur le village de Reudnitz. Les Saxons, au nombre d'environ 12.000, avec 40 pièces de canon, et la cavalerie wurtembergeoise étaient en face de lui, au centre, sous les ordres du général Reynier. Encadrés jusqu'alors entre les divisions Durutte et Guilleminot, ils étaient restés fidèles. A peine eurent-ils aperçu les drapeaux de Bernadotte, qui les avait commandés à Wagram, qu'ils abandonnèrent notre ligne, brusquement, et marchèrent à lui, la cavalerie d'abord, puis l'infanterie et l'artillerie.

Reynier poussa son cheval au milieu d'eux et s'efforça vainement de les arrêter. « Retirez-vous, général, lui criaient les officiers ; ne nous forcez pas de vous faire prisonnier. » En arrivant dans les rangs ennemis : « Messieurs, dit le commandant de l'artillerie saxonne, je viens de brûler la moitié de mes munitions contre vous ; je vais brûler le reste contre les Français. » Les généraux russes et suédois continrent à peine leur indignation devant un pareil langage. Mais Bernadotte en avait fini avec les scrupules. Comme l'artillerie de son corps d'armée était encore en arrière, il chargea le général russe de Witt *d'inviter les batteries saxonnes à tirer*. Et celles-ci ouvrirent le feu contre la division Durutte, à quelques mètres de la ligne qu'elles venaient de quitter par une défection sans exemple dans l'histoire militaire.

La division Durutte, assaillie en même temps par le corps prussien de Bülow, résiste énergiquement. Comme elle plie sous le nombre (5.000 hommes contre 20.000), Ney la fait soutenir par la division Delmas. Delmas et des files entières de ses hommes tombent sous les boulets (1).

Delmas, le général de la République dont la carrière militaire aurait été si brillante, Delmas, disgracié en 1802, avait été tenu à l'écart pendant tout l'Empire. En 1813, devant les dangers de la patrie, il avait sollicité et obtenu un commandement, et c'est là, entre Paunsdorf et Sellershausen, sur le champ de bataille de Leipzig, qu'il tombait sous les coups mêmes de Bernadotte. A cette heure suprême, il n'avait pas séparé la France de l'homme qui lui avait été si glorieux et si funeste. A la différence de Bernadotte et de Moreau, il n'avait vu que la patrie.

Quelques jours après, dans l'hôpital de Leipzig, deux hommes s'approchèrent du lit où Delmas allait

---

(1) Sur ces événements, cf. Vaudoncourt, *Campagne de 1813* ; — baron Fain, *Manuscrit de 1813*, t. II ; — Labaume, *Histoire de la chute de Napoléon*, t. I, livre 6 ; — Jomini, *Campagne de 1812-1814* ; — Marbot, *Mémoires*, t. III, et beaucoup d'autres ouvrages.

mourir. C'étaient Bernadotte et le général russe Langeron, qui avait été son camarade au régiment de Touraine avant la Révolution. Tous les deux lui parlèrent du passé, lui rappelèrent le despotisme dont il avait été victime, et l'engagèrent, quand il serait rétabli, à travailler avec eux à la chute de Bonaparte.

Delmas, se soulevant à demi : « Proscrit par la Révolution, dit-il à Langeron, Russe depuis vingt ans, tu dois peu à la France et rien à Napoléon. Sers ton maître et sois heureux si tu peux. Mais toi, Bernadotte, sorti des entrailles de la Révolution, comblé des bienfaits de la France et de l'Empereur, de quel droit oses-tu me proposer une infamie ? Va, traître ; n'insulte pas à mon agonie et laisse-moi mourir en honnête homme ! » Et il expira.

On sait comment finit la bataille : la retraite précipitée vers Lindenau, la destruction hâtive de l'unique pont de l'Elster, l'abandon d'une partie de nos troupes sur la rive droite, la mort de Poniatowski dans la rivière, Reynier et Lauriston prisonniers avec 20.000 hommes : telle fut cette formidable *trilogie* de Leipzig, qu'on appelée la *bataille des nations*, parce qu'il semblait, en effet, que les haines nationales s'étaient rassemblées de tous les coins de l'horizon pour accabler l'Empire.

Il fallut regagner le Rhin par la vallée du Mein. Les défections se succédaient. Après les Saxons et les Wurtembergeois, ce fut le tour des Bavarois, qui avaient servi dans nos rangs plusieurs années ; que nous avions délivrés de l'Autriche en 1809 ; que nous avions aidés à soumettre le Tyrol insurgé ; dont nous avions agrandi le territoire. Ils essayèrent de nous fermer la route, à Hanau (29 octobre). En voyant les dispositions prises par le baron de Wrède, son ancien lieutenant : « J'ai pu le faire baron, dit Napoléon, je ne l'ai pas fait général. » L'artillerie de Drouot les foudroya, et, le 2 novembre, les débris de l'armée entrèrent dans Mayence où ils remplirent les hôpitaux.

L'Empire, qui aurait pu finir dans le Danube, en 1809, si l'on avait suivi le conseil de Fouché : « On vous le fourre dans un sac, etc., » pouvait finir dans le Rhin, à Mayence, d'un simple coup de pied, s'il faut en croire l'histoire contée par Beugnot.

Le préfet de Mayence était, depuis 1802, l'ancien conventionnel Jan-Bon St-André. En mettant au service de Napoléon son activité éprouvée dans les missions de 1794, l'ancien représentant du peuple n'avait rien sacrifié de ses mœurs républicaines. Il vivait avec une austère simplicité et ne se flattait pas de parler le langage des cours.

Pendant que Napoléon était à Mayence, un bateau fut mis à sa disposition pour reconnaître la vallée du Rhin et les approches de la ville. Il y avait un jour pris place avec le prince de Nassau, le préfet et Beugnot. Un moment que l'Empereur, debout sur l'un des côtés et penché sur le fleuve, semblait abîmé dans sa rêverie, le préfet dit à Beugnot, assez haut, en lui montrant leur maître : « Quelle étrange position ! *Le sort du monde dépend d'un coup de pied de plus ou de moins!* »

En sa qualité de courtisan, Beugnot crut devoir frémir et répondre avec inquiétude, d'une voix étouffée : « Au nom du ciel, taisez-vous donc ! » Mais l'autre, impitoyable, haussa les épaules et continua du même ton : « Soyez tranquille ; les hommes de résolution sont trop rares. »

La promenade finie, quand on regagna la préfecture, derrière Napoléon, Beugnot revint sur cet incident, et c'est alors que le préfet lui dit, gravement : « Croyez que nous pleurerons un jour des larmes de sang de ce que cette promenade d'aujourd'hui n'ait pas été *sa* dernière. » Il mourut du typhus quelques semaines après, en soignant nos malades dans les hôpitaux de Mayence. Mais Beugnot vit ces jours de larmes. Il s'en consola avec un ministère que lui offrit la Restauration (1).

Ce n'était pas seulement l'Allemagne que les défections nous enlevaient. En même temps qu'elle, la Hollande nous échappait.

(1) Beugnot, *Mémoires*, t. II, ch. I. Ils ont été publiés en 1868.

La Hollande, depuis près de vingt ans, partageait nos destinées. Conquise par nous en 1795, elle avait été transformée en république Batave. En 1806, la république devint un royaume confié à Louis-Bonaparte. Ce prince n'avait rien de ce qu'il fallait pour plaire aux Hollandais. Il n'était pour eux qu'un étranger installé sur le trône de leur vieille et populaire maison d'Orange. A force de bonne volonté et de travail, il s'attacha à mériter leur estime et, dans une certaine mesure, il y réussit (1).

La Hollande payait assez cher l'honneur d'être annexée à la France. Ses colonies tombaient aux mains des Anglais ; après Ceylan, le Cap ; après le Cap, Surinam. Ses ports étaient fermés aux bâtiments étrangers par le blocus continental. En 1809, elle était mise en émoi par la descente des Anglais dans Walcheren.

Après 1809, Napoléon en voulut à son frère de l'apparence de succès remporté par les Anglais, et prétendit lui imposer des mesures aussi violentes qu'arbitraires : renvoi de deux ministres, dont l'un, Krayenhoff (guerre), passait pour l'adversaire déclaré de notre influence ; établissement de garnisons françaises dans les villes de Hollande ; cession, sans compen-

(1) Sur cette administration de Louis-Bonaparte, voir le livre qu'il a écrit lui-même : *Documents historiques et réflexions sur le gouvernement de la Hollande.* Paris, 1820, 3 vol. in-8°. Le récit s'arrête avec l'abdication de Louis, en juillet 1810.

sation, des territoires placés au sud de la Meuse et du Wahal. Ces exigences et d'autres tracasseries irritèrent le roi Louis. Comme Bernadotte, comme Murat, il avait pris à cœur les intérêts de ses nouveaux sujets. Il pouvait résister à Napoléon, et donner le signal du soulèvement contre l'Empire. Il ne l'osa pas ; il préféra se retirer. Il abdiqua, le 1er juillet 1810, en faveur de son jeune fils encore mineur.

Mais Napoléon ne l'entendait pas ainsi. Il incorpora la Hollande à l'Empire. Elle fut divisée en départements, sous le gouvernement militaire du général comte Molitor, et sous l'autorité supérieure de Lebrun, duc de Plaisance. Elle connut les douceurs de l'administration impériale, les bienfaits de notre police et surtout les avantages de la conscription. Les contingents hollandais grossirent le nombre des régiments étrangers qui fondirent au soleil d'Espagne et s'ensevelirent sous les neiges de la Russie.

Elle se soumit non sans murmures. A plusieurs reprises, elle dut fournir des otages pour répondre de sa fidélité. Après 1812, elle s'agita. Dans les premiers mois de 1813, des soulèvements éclatèrent sur plusieurs points. Ils étaient accompagnés de fausses nouvelles que faisaient circuler les partisans de la maison d'Orange.

Le directeur général de la police écrivait au duc de Rovigo, le 5 février 1813 :

«... Les rapports de mes agents secrets s'accordent entièrement sur ce point qu'il se prépare quelque événement, et *que la face des choses ne peut tarder de changer*. Cette opinion populaire est universellement établie.

« Les bruits qui courent dans les principales villes de Hollande sont fort nombreux. On fait mourir à Cassel S. M. le roi de Naples. Berlin est au pouvoir des Russes. La Westphalie et le grand-duché de Berg sont en pleine insurrection. Je ne parle pas de ce qui se répète à satiété sur lord Wellington, le prince héréditaire d'Orange : ils sont l'intarissable sujet des entretiens. »

Ces mouvements locaux furent comprimés. Un d'eux, celui d'Amsterdam, mérite d'être signalé. Il était inspiré par la conspiration Malet.

Un ancien capitaine hollandais, du nom de Maas, qui se trouvait à Paris lors des événements du 23 octobre 1812, avait conçu le projet d'un coup de main analogue sur la caserne Saint-Charles, à Amsterdam. Il se proposait d'entraîner les troupes soldées de la garde municipale en répandant le bruit de la mort de Napoléon, et de soulever Amsterdam. Il aurait ensuite fait appel aux prisonniers espagnols cantonnés au Helder. Enfin, le prince d'Orange serait arrivé avec la flotte anglaise (1).

(1) J'ai trouvé cet épisode dans les documents inédits de la

Des tentatives d'embauchage pratiquées sur quelques soldats du 1ᵉʳ bataillon de la garde, et dénoncées à la police par le colonel Straatman, amenèrent l'arrestation de plusieurs individus qui furent déférés aussitôt, sous la prévention de complot attentatoire à la sûreté de l'État, à une commission militaire, présidée par le colonel de la 32ᵉ légion de gendarmerie. C'étaient *Maas*, l'organisateur de cette tentative, orangiste déterminé ; un ancien sergent, de *Jonghe* ; *Ihlé*, ancien courtier, brigadier d'octroi ; *Falentyn*, aubergiste ; *Verschur*, marchand ; le médecin *Lemon*, et un officier de paix.

Maas essaya vainement de donner le change à ses intentions en prétendant qu'il s'agissait de résister aux Anglais.

« Toujours ferme dans mon intention de résister aux Anglais et pour leur ôter tout prétexte d'entrer en Hollande, j'avais formé le dessein de m'emparer de tous les Français en commençant par les employés des douanes et des droits réunis, le prince gouverneur et les principales autorités françaises. J'aurais opéré ces arrestations au moyen d'un soulèvement général dont le signal aurait été un coup de canon tiré de la porte d'Utrecht. Je préférais ce signal au

---

police impériale. Arch. Nat., F. 7, D. 6587. *Complot d'Amsterdam pour séduire et provoquer à la révolte les soldats de la garde civique.*

tocsin, qui eût attiré trop de femmes et d'enfants dans la rue dans l'idée d'un incendie. Les habitants auraient pris les armes qu'ils avaient. Un parti de 200 se serait dirigé sur Delft pour s'emparer de l'arsenal. Je comptais sur la garde bourgeoise et la garde soldée, sans en excepter les chefs ; non que j'eusse quelque promesse de leur part, mais dans la persuasion qu'ils seraient fort contents de conserver leur emploi.

« Mon parti *étant dans le sens patriote* (?) je voulais ne mettre que des patriotes en place... Une chose que je dois ajouter, c'est qu'aussitôt que le mouvement aurait lieu, *ce qui devait être dès l'apparition de l'escadre anglaise*, j'aurais proposé d'envoyer 600 hommes au Helder pour défendre l'escadre contre les Anglais. Voilà où en était mon projet au moment de mon arrestation (1). »

La commission militaire, réunie le 22 février, à huit heures du matin, prononça son jugement le lendemain. Maas et de Jonghe furent condamnés à mort ; les autres accusés à cinq ans et deux ans de détention. L'officier de paix, seul, fut acquitté. Maas et l'ancien sergent furent fusillés le jour même. Ils moururent avec beaucoup de courage.

Cette rigueur n'était pas faite pour désarmer les

---

(1) Complot attentatoire à la sûreté de l'État (compte-rendu des débats). A. N., dossier cité.

patriotes. Un parti dévoué à la maison d'Orange, qui avait pour chef le comte Gysbert de Hogendorp, prépara secrètement la délivrance et redoubla d'efforts après Leipzig (1).

On apprit bientôt l'arrivée des Russes dans les provinces de Frise et de Groningue, d'où s'enfuirent les employés français, tandis qu'une feuille apocryphe du *Moniteur* répandait le bruit de la chute de l'Empire. Le général Molitor évacua alors Amsterdam pour concentrer ses forces dans la province d'Utrecht.

Le 15 novembre, la population d'Amsterdam se souleva, chassa les employés impériaux et constitua un gouvernement provisoire. Le 17, le mouvement éclata à La Haye. Hogendorp et van Duyn procla-

---

(1) La famille Hogendorp, une des plus anciennes de la Hollande, était alors représentée par deux frères qui suivaient deux chemins opposés. L'aîné était aussi dévoué à la France que l'autre l'était à la maison d'Orange.

Thierry de Hogendorp (1761-1830) était entré de bonne heure au service et devint lieutenant général. En 1806, il fut ministre de la guerre du roi Louis, puis chargé de missions en Europe. En 1811, général de division, il devint aide-de-camp de l'empereur. En 1812, il fut chargé du gouvernement de la Lithuanie. En 1813, il était dans Hambourg, avec Davout. En 1814, il refusa de prêter serment à Louis XVIII. En 1815, il rejoignit Napoléon et combattit à Waterloo. Après la seconde Restauration, il se retira au Brésil, où il mourut. Napoléon l'estimait beaucoup, et en a parlé avec éloge. J'ai cité ses *Mémoires*, publiés en 1887.

Son frère Gysbert (1762-1834) contribua à la restauration de la maison d'Orange et tint une grande place dans l'histoire législative du nouveau royaume des Pays-Bas. Son attachement au roi ne l'empêchait pas d'être libéral, et il combattit la politique de Maanen à l'égard de la Belgique.

mèrent la déchéance de l'Empire, arborèrent les couleurs de la maison d'Orange, et envoyèrent une députation au prince royal, réfugié à Londres.

De toutes parts on s'armait. Des corps francs s'organisaient ; le général Perponcher prenait la direction de la résistance. Le 24 novembre, les Russes entraient dans Amsterdam. Le 1er décembre, les Prussiens occupaient Arnheim. Molitor, menacé d'être coupé de la Belgique, se retirait d'Utrecht sur Gorcum, de Gorcum sur Anvers. Là, il laissa le commandement au général Maison, et vint, sous les ordres de Macdonald, prendre sa part de la campagne de France (1).

A la même époque, la défaite de Vittoria, le *Leipzig du Midi*, nous forçait d'évacuer l'Espagne et de repasser les Pyrénées. C'est ainsi que de toutes parts l'Empire se repliait sur lui-même et que l'invasion menaçait le cœur de la France.

(1) Noble figure que celle du général, plus tard maréchal *Molitor*, dont le caractère égalait la bravoure et les talents.

Molitor (1770-1849) était né dans la petite ville d'Huningue, qui allait s'illustrer par son héroïque résistance aux Autrichiens. Volontaire de 1791, et bientôt capitaine, Molitor avait servi dans les armées du Nord et du Rhin. Général à l'armée d'Helvétie, il avait contribué à arrêter la marche de Souvarof. Gouverneur de Dalmatie en 1805, de Stralsund, en 1808, puis des villes Hanséatiques, enfin de la Hollande, il avait déployé des qualités administratives remarquables, en même temps qu'il se couvrait de gloire à Essling et à Wagram.

Employé par la Restauration, il fit la campagne d'Espagne, en 1823. Maréchal de France en 1830, il fut gouverneur des Invalides en 1847.

Ce n'était pas assez pourtant de la défection des peuples : la désertion gagnait l'entourage même de Napoléon, et avant d'être abandonné par ses maréchaux, il était trahi par Murat.

CHAPITRE IX

Murat. — Les Maréchaux (1814).

Parmi les personnages de l'épopée impériale groupés autour de Napoléon, un de ceux qui sont restés le plus vivants dans l'imagination populaire, le plus étrange peut-être, c'est Joachim Murat; Murat, bien digne de commander à des cavaliers comme Lasalle, Montbrun, Franceschi, Milhaud, Nansouty, Latour-Maubourg, Exelmans et tant d'autres; Murat, qui parcourut au galop l'Italie, l'Égypte, l'Espagne, la Russie et l'Allemagne; Murat, qu'on voyait passer l'aigrette sur la tête, une peau de tigre en travers de la selle, menant ses escadrons dans un tourbillon d'acier, de poussière et de fumée.

Murat, qui avait espéré d'abord le trône d'Espagne, avait reçu celui de Naples. Monté si haut, après être sorti d'une auberge du Lot, il crut qu'il ne pouvait vivre sans régner. Il abandonna Napoléon pour l'Autriche, la France pour l'Italie. Il y perdit tout, sa couronne, sa gloire militaire et la vie. Le paladin finit en aventurier, et son nom, qui devrait être inséparable de celui de Napoléon, reste accouplé par la trahison à celui de Bernadotte.

Napoléon, en quittant la Russie, avait laissé le commandement à Murat, qui partit lui-même pour Naples, abandonnant l'armée à Eugène de Beauharnais.

Rappelé pour la campagne de 1813, il s'y montra flottant et indécis. Il était déjà la proie de nos ennemis. Il avait été travaillé à Naples par les agents de lord Bentinck, gouverneur anglais de la Sicile, et par l'ambassadeur d'Autriche, le comte de Mier. A Dresde, Metternich lui avait fait espérer d'ajouter à ses États du Sud une partie du nord de l'Italie. Quelques jours après Leipzig, il retourna dans la Péninsule. « Les premières notions que nous recueillîmes sur la versatilité politique et les vues ambitieuses du roi de Naples datent de son retour de l'armée d'Allemagne, après les désastres de Leipzig, époque où il passa par Rome. Le général de division Miollis, lieutenant du gouverneur général des États romains, et commandant la 30e division militaire, eut alors avec lui un entretien particulier sur les affaires du temps, dans lequel Joachim, sans cependant faire connaître qu'il songeait à se déclarer contre Napoléon, ne lui cacha pas qu'il considérait la cause de Napoléon comme perdue... (1). »

(1) Bellaire, *Précis historique de l'invasion des États Romains*

La situation de l'Italie, tout au moins, paraissait fort menacée. Eugène, chargé d'en défendre les approches, n'avait recruté qu'une armée de 50.000 hommes, au lieu des 80.000 sur lesquels comptait Napoléon. Cette armée, préparée par le général Vignolle et commandée plus tard par le général Grenier, formait six divisions d'infanterie et une de cavalerie. La 1re division d'infanterie avait pour chef le général Quesnel, l'ancien gouverneur d'Oporto en 1807 et 1809. La cavalerie était dirigée par Mermet, que nous avons vu également en Portugal.

Eugène essaya d'abord de couvrir les lignes de la Drave et de la Save, de Villach à Laybach. Il fut forcé de reculer par la défection de la Bavière, puis par la désertion des Croates et des Italiens, qui ser-

par l'armée Napolitaine en 1813 et 1814 et de la défense de la citadelle d'Ancône, Paris, 1838, in-8°. L'auteur était alors aide-de-camp du général Miollis et chef d'état-major de la 30e division militaire. Il fut ensuite aide-de-camp du général Barbou, qui avait défendu Ancône. Livre précis, clair, intéressant.
Voir encore, sur ces événements : *Précis historique des opérations militaires de l'armée d'Italie en 1813 et 1814*, par le chef d'état-major de cette armée (général Vignolle).—Paris, 1817, in-8°. — *Dernière campagne de l'armée franco-italienne sous les ordres d'Eugène Beauharnais en 1813 et 1814,* par le chevalier J., témoin oculaire, Paris, 1817, in-8°.— *Histoire des campagnes d'Italie en 1813 et 1814*, par le général de Vaudoncourt, au service de l'Italie, Londres, 2 vol. in-4°, avec un atlas, 1817. C'est ce qu'on peut lire de plus complet sur ces opérations militaires si peu connues. — Voir enfin, pour ce qui concerne Murat: *Souvenirs militaires du baron Desvernois, ancien général au service de Joachim Murat*, recueillis par E. Bousson de Mairet. Paris, 1858, in-8°.

vaient dans ses rangs. Il se replia sur l'Isonzo ; mais la défection continua son œuvre. Le 5 décembre, après un mois de siège, par suite de l'insurrection d'un bataillon croate, Zara capitula. Le lendemain, Cattaro ouvrit ses portes. Venise fut assiégée à son tour, et l'Autriche y fomenta les désertions. Eugène recula alors sur l'Adige. Il ne lui manquait plus que d'être abandonné par Murat.

Au moment où il vacillait entre le devoir et la trahison, Murat reçut la visite de Fouché, qui, depuis l'entrée des Autrichiens en Illyrie, n'y avait plus rien à faire. Tous les deux avaient noué des intrigues en 1809. Lors de cette immense conspiration qui enveloppa Napoléon sur le Danube, et qui aurait servi Bernadotte plus que tous les autres, Murat et Fouché s'étaient demandé ce qu'il adviendrait du pouvoir, dans le cas de l'*accident* attendu. Il ne fallait plus compter sur Bernadotte, que Leipzig rendait impossible. Fouché se rejeta sur Murat, que ses conseils enhardirent. Murat négocia avec l'Empereur. Il mit à prix son concours. Il demanda le partage de l'Italie avec Eugène, et le commandement de l'armée. Le refus de Napoléon l'exaspéra (1).

Pour donner plus de poids à sa défection, il commença par refaire une armée. Après s'être fait offrir

---

(1) Voir *Mémoires* de Fouché, t. II.

des *dons volontaires* par ses sujets, il fit un appel aux armes et enrôla tout ce qui se présenta, *lazzaroni*, repris de justice et jusqu'aux forçats en état de servir.

Suivant lui, ces troupes étaient destinées à renforcer celles d'Eugène dans la Haute-Italie. Il demanda pour elles des vivres et des munitions qu'on leur accorda, au détriment des nôtres. Puis il les mit en marche par division, successivement, les arrêtant dans les villes sous différents prétextes, pour s'assurer de ces villes quand le moment aurait sonné, comme il avait fait en Espagne avant la terrible explosion du 2 mai 1808, à Madrid. Ces troupes formaient trois divisions avec la garde. La garde était sous les ordres des lieutenants généraux Millet de Villeneuve et Domon.

La première division arriva à Rome vers la fin de novembre. Elle était commandée par le lieutenant-général baron Carascosa, dont les allures faisaient douter que son maître fût l'allié des Français. On parvint à s'en délivrer. La deuxième, sous le général Ambrosio, passa ensuite et fut dirigée sur Ancône. La troisième, sous le prince Pignatelli-Cerchiara, la remplaça, et s'établit à Rome et dans les environs.

Nos troupes de Rome (30e division militaire) étaient alors réduites à 4.500 hommes environ, cantonnés à Rome (château St-Ange), à Civita-Vecchia et sur d'autres points du littoral. Mais elles avaient pour chef le général Miollis, dont la figure est une des plus originales de ces armées extraordinaires.

Fils d'un conseiller à la Chambre des comptes d'Aix, soldat en 1772, sous-lieutenant en 1779, Miollis avait servi dans la guerre d'Amérique. Puis, volontaire de la Révolution (au 4ᵉ bataillon des Bouches-du-Rhône), officier en 1792, général en 1794, il avait fait la campagne d'Italie sous Bonaparte. Brave, comme tous l'étaient, républicain, comme peu le restèrent, car il vota contre le Consulat à vie, ce qui le fit envoyer en disgrâce à Belle-Isle, Miollis se signalait par un trait singulier. Il avait le culte de l'antiquité classique. Paul-Louis Courier, chef d'escadron d'artillerie, oubliait son service pour une page d'Hérodote ou de Plutarque. Miollis faisait partager à ses soldats son admiration pour Virgile. Gouverneur de Mantoue en 1797, il avait organisé une fête imposante, le 15 octobre, en l'honneur du poète latin. Revue, salves d'artillerie, illuminations et discours, rien n'y manqua. Redevenu gouverneur de Mantoue en 1805, il rendit de nouveaux honneurs à Virgile, et fit transporter pieusement à Ferrare les restes de l'Arioste. Dans ces armées, où l'on se piquait peu de littérature, on ne trouverait guère que le général Thiébault à rapprocher de Miollis. Car Thiébault, gouverneur de la vieille Castille, écrivait en 1811 un mémoire en faveur de l'Université de Salamanque.

Gouverneur de Livourne, puis de Rome, Miollis avait été employé par Napoléon dans ses démêlés avec Pie VII (1). Avec sa finesse provençale et sa pratique des affaires italiennes, il devinait le jeu de Murat. Son langage, au retour de Leipzig, avait éveillé ses défiances. Les mouvements de ses troupes avaient achevé de le convaincre. Il songea à se mettre en défense. Il était déjà trop tard.

Le 11 janvier 1814, Murat traitait avec l'Autriche. Il s'engageait à unir ses troupes à celles de nos ennemis contre l'armée d'Italie. En retour, l'Autriche lui garantissait l'intégrité de ses États en lui permettant d'y annexer Ancône et les Marches (2).

Le 16, le lieutenant-général de La Vauguyon, aide-de-camp de Murat, qui commandait à Rome un corps de 5.000 hommes, se présenta à Miollis en qualité de commandant supérieur des États romains, dont il déclara prendre possession au nom de son maître. Les postes français furent relevés par des troupes napolitaines. Miollis, après avoir protesté, se retira dans le château St-Ange, où il fut cerné. La garnison de Ci-

---

(1) En dehors des ouvrages spéciaux, voir sur cet épisode les *Mémoires du général baron Radet*, qu'on vient de publier (1893).

(2) Vaudoncourt donne le texte du traité. Il était signé, pour l'Autriche, par le comte de *Neiperg*, celui qui devait épouser Marie-Louise, et le comte de *Mier* ; pour Murat, par Marzio Mastrilli, *duc del Gallo*. Il fut suivi d'une proclamation du général Millet, commandant de la garde royale, qui exposait les motifs de Murat.

vita-Vecchia, sous le général Lasalcette, fut également bloquée. Enfin Ancône fut occupée, et le général Barbou, qui s'était retiré dans la citadelle, y fut assiégé. Le roi de Naples, maître de Bologne, fit saisir encore Modène et Férrare, et lança, le 30 janvier 1814, cette monstrueuse proclamation qu'il désavoua vainement quelques jours après :

Soldats,

Tant que j'ai pu croire que l'empereur Napoléon combattait pour la gloire et le bonheur de la France, j'ai combattu à ses côtés ; mais aujourd'hui il ne me reste aucune illusion. L'empereur ne veut que la guerre.

Je trahirais les intérêts de mon ancienne patrie, ceux de mes États et les vôtres, si je ne séparais sur-le-champ mes armes des siennes pour les réunir à celles des puissances alliées, dont les intentions magnanimes sont de rétablir la dignité des trônes et l'indépendance des nations.

Je sais qu'on cherche à égarer le patriotisme des Français qui servent dans mon armée sous de faux prétextes d'honneur et de fidélité, comme s'il y avait encore de l'honneur à servir la folle ambition de l'empereur Napoléon et à lui assujettir le monde !

Soldats, il n'y a plus que deux bannières en Europe. Sur l'une vous lisez : religion, morale, justice, modération, lois, paix et bonheur ; sur l'autre : artifice, violence, persécution, guerre et deuil dans toutes les familles. Choisissez (1) !

---

(1) On connaît peu le texte entier de cette proclamation. Je le reproduis d'après Desvernois. Le général, aide-de-camp de Murat, en fut révolté. Il y avait de quoi.

Napoléon accusé de *ne vouloir que la guerre*, au moment où s'ouvrait la campagne de France! Tel était le langage du beau-frère de Napoléon, du héros d'Aboukir et d'Eylau.

Le brave et fidèle Eugène y répondit, dès le 1er février, avec une éloquente indignation. En dénonçant à ses soldats la trahison des Napolitains, il s'écriait :

« Les Napolitains nous avaient promis solennellement leur alliance. Sur la foi de leurs promesses, ils ont été reçus dans le royaume comme des frères. Ils ont été admis, non seulement à occuper plusieurs de nos départements, mais encore à partager avec nous toutes nos ressources.

« Ils sont entrés comme frères et ils étaient nos ennemis! Ils sont entrés comme frères, c'est pourtant contre nous qu'ils avaient préparé leurs armes!

«Soldats, je lis dans vos âmes toute votre indignation qui ne peut qu'ajouter à votre vaillance, tant la cause en est noble. » Et il terminait en disant : « Voici ma devise : Honneur et Fidélité. Que cette devise soit aussi la vôtre. Avec elle et l'aide de Dieu, nous triompherons encore de nos ennemis. »

Devant la conduite de Murat, tous les Français employés dans l'armée et dans l'administration civile furent indignés. Le général Desvernois, son aide-de-camp, demanda, le jour même, à le quitter : beaucoup d'autres l'imitèrent. D'autres restèrent cependant, et plusieurs, dans le nombre, qui se firent valoir plus tard auprès des Bourbons.

Murat, il est vrai, se défendait de trahir l'Empereur. Il disait aux officiers, en essayant de les retenir : « Croyez-vous que j'aie moins que vous le cœur français ? Croyez, au contraire, que je suis très à plaindre. J'ai été contraint de faire un traité avec les Autrichiens et un arrangement avec les Anglais ; et, par suite, à me déclarer en état de guerre afin de sauver mon royaume menacé d'un débarquement par les Anglais et les Siciliens, etc. » Il écrivait également au général Belliard, qui était resté longtemps auprès de lui, que s'il voulait conserver sa couronne c'était pour profiter du courant qui poussait à l'unité italienne. Il s'agissait bien alors de l'unité italienne ! Bernadotte n'avait pas parlé autrement quand il avait sacrifié sa patrie à la Suède.

Le 15 février 1814, Murat fit signifier la guerre à l'armée d'Italie, et, comme Bernadotte à Leipzig, il marcha contre nous. Avec son armée, dont la division austro-anglaise du général Nugent formait l'avant-garde, il entra dans Parme. Il en fut délogé par la division Grenier, mais il prit Reggio, et nous rejeta sur le Taro.

Attaqué de front par les Autrichiens du maréchal Bellegarde, tandis que Murat le prenait à revers, Eugène défendit énergiquement le terrain jusqu'à la chute de Napoléon. Quand il en fut informé, il signa, le 16 avril, un armistice qui permettait aux troupes françaises disséminées dans la Péninsule de rentrer en France avec armes et bagages.

C'est à Troyes, dans les premiers jours de février, que Napoléon avait appris la défection de Murat.

Il fit aussitôt appeler Daure, ordonnateur de l'armée, qui avait été un des ministres de Murat à Naples et qui, en 1813, avait conseillé à Napoléon d'envoyer Belliard auprès de son beau-frère. Daure accourut. Dès que Napoléon l'aperçut. « Eh bien ! lui cria-t-il, vous savez la nouvelle? Murat, mon beau-frère, en pleine trahison? Murat devenir l'homme de l'Autriche ! Joindre son armée à l'armée autrichienne! Lui qui, en s'unissant avec Eugène, pouvait, par une victoire, frapper aux portes de Vienne! Pauvre Eugène! Celui-là, du moins, ne me trahira pas. Mais Murat! Murat, faire tirer sur des Français! *c'est le Bernadotte du Midi!...* »

La campagne de France lui réservait de nouvelles surprises.

Il venait, en effet, d'ouvrir cette admirable campagne qu'on a pu, pour l'habileté des conceptions et la rapidité des mouvements, comparer à celle d'Italie. Au déclin de l'âge, il allait renouveler les merveilles qui avaient illustré sa jeunesse. Jamais son génie militaire ne fut plus clair et plus hardi; jamais il ne fut mieux compris des troupes, ni suivi par elles avec plus de dévouement. Jamais, en revanche, il ne fut plus mal servi par ses lieutenants.

Ils en avaient assez. Sous le chef infatigable qui retrouvait à défendre la patrie une énergie toute nouvelle, ces hommes, qui avaient parcouru toute l'Europe, ne ressentaient plus, dans leur propre pays, que lassitude et découragement. Pourquoi ? Parce que Napoléon les avait comblés d'or, de dignités et d'honneurs, et qu'au lieu d'obéir, comme en 1792, aux plus nobles inspirations du patriotisme, ils se laissaient aller aux basses suggestions de l'ambition satisfaite. Napoléon le reconnut lui-même, quand il était trop tard.

« Les mauvaises intentions commençaient à se glisser parmi nous ; la fatigue, le découragement gagnaient le plus grand nombre. Mes lieutenants devenaient mous, gauches, maladroits, et conséquemment malheureux ; ce n'étaient plus les hommes du début de notre Révolution, ni ceux de mes beaux moments... Les hauts généraux n'en voulaient plus ; je les avais gorgés de trop de considération, de trop d'honneurs, de trop de richesses. Ils avaient bu à la coupe des jouissances et eussent acheté du repos à tout prix. Le feu sacré s'éteignait. » A qui la faute ?

Dès lors, pendant la campagne, tandis que des troupes improvisées égalent l'héroïsme de la Grande Armée et que les *Marie-Louise* se battent comme des vétérans, ce ne sont que reproches du chef, murmures et fautes des lieutenants.

Après Montereau (18 février), malgré le succès qu'il venait de remporter, Napoléon s'en prenait à ses lieutenants des résultats incomplets de la journée. Le soir, dans le château de Surville, il se promenait avec agitation : « On ne m'obéit plus, on ne me craint plus. Il faudrait que je fusse partout à la fois ! »

A tort ou à raison, il se plaignait du général Digeon, qui avait mal approvisionné l'artillerie, la veille de la bataille ; du général Lhéritier, qui n'avait pas chargé les Bavarois au combat de Villeneuve ; du général Montbrun (1), qui n'avait pas défendu le pont de Moret sur le Loing ; enfin, et surtout du maréchal Victor, auquel il reprochait d'avoir trop mollement franchi la Seine et d'être arrivé trop tard à Montereau pour couper la retraite aux Autrichiens. Dans un mouvement de colère, il lui enleva le 2ᵉ corps pour le confier au général Gérard ; mais il ne tarda pas à se réconcilier avec son vieux camarade d'Italie et il lui donna un nouveau corps, formé de deux divisions de la jeune garde.

Trois jours après, à Nogent (21 février), Ney et Oudinot, s'excitant mutuellement et poussés par le général Kellermann, se présentèrent devant lui. Ils

(1) Pas le grand cavalier, qui avait été tué à la Moskowa, d'un boulet dans le ventre.

voulaient la paix, disaient-ils. Napoléon les fit taire, discuta pied à pied, leur prouva que rien n'était perdu. Ceux-ci congédiés, il fallait également persuader Augereau, là-bas, dans la vallée du Rhône. Augereau, chargé de couvrir Lyon, trouvait à tout des difficultés, et Napoléon lui écrivait :

Nogent-sur-Seine, 21 février.

Le ministre de la guerre m'a mis sous les yeux la lettre que vous lui avez écrite le 16. Cette lettre m'a vivement peiné. Quoi! Six heures après avoir reçu les premières troupes venant d'Espagne vous n'étiez pas déjà en campagne! Six heures de repos leur suffisaient. J'ai remporté le combat de Nangis avec la brigade de dragons venant d'Espagne qui de Bayonne n'avait pas encore débridé. Les six bataillons de Nîmes manquent, dites-vous, d'habillement et d'équipement, et sont sans instruction? Quelle pauvre raison me donnez-vous là, Augereau! J'ai détruit 80.000 ennemis avec des bataillons composés de conscrits, n'ayant pas de gibernes et étant à peine habillés. Les gardes nationales, dites-vous, sont pitoyables. J'en ai ici 4 000 venant d'Angers et de Bretagne, en chapeaux ronds, sans gibernes, mais ayant de bons fusils; j'en ai tiré bon parti.
— Il n'y a pas d'argent, continuez-vous. Et d'où espérez-vous tirer de l'argent? Vous ne pourrez en avoir que quand nous aurons arraché nos recettes des mains de l'ennemi. Vous manquez d'attelages? Prenez-en partout.— Vous n'avez pas de magasins? Ceci est par trop ridicule.

Je vous ordonne de partir douze heures après la réception de la présente lettre pour vous mettre en campagne. Si vous êtes toujours l'Augereau de Castiglione, gardez le commandement. Si vos soixante ans pèsent sur vous, quittez-le et remettez-le au plus ancien de vos officiers généraux. La patrie est menacée et en danger, elle ne peut être sauvée que par l'audace et la bonne volonté, et non par de vaines temporisations... *Il n'est plus question d'agir comme dans les derniers temps ; mais il faut reprendre ses bottes et sa résolution de 1793...*

N'est-ce point admirable de précision et d'entrain ? Mais les nouvelles de Paris envoyées par Savary replongeaient les chefs dans l'indécision.

Aussi, après la sanglante journée d'Arcis-sur-Aube (23 mars), quand l'armée battit en retraite sur Saint-Dizier, le mécontentement redoubla.

« Il y a autour de Napoléon lui-même trop de personnes qui s'éloignent de Paris avec regret. On s'inquiète tout haut; on commence à se plaindre. Dans la salle qui touche à celle où Napoléon s'est enfermé, on entend des chefs de l'armée tenir des propos décourageants. Les jeunes officiers font cercle autour d'eux. On veut secouer l'habitude de la confiance. On cherche à entrevoir la possibilité d'une révolution. Tout le monde parle et d'abord on se demande : « Où va-t-on ? Que devenons-nous ? » Jamais Napoléon n'a eu plus besoin de sa forte volonté pour lutter contre l'opposition qui l'entoure ; mais, pour la première fois, il ignore ce qui se passe chez lui ou feint de l'ignorer (1). »

---

(1) Baron Fain, *Manuscrit de 1814*, ch. 10. Pour cette campagne, voir le livre minutieux de M. Henri Houssaye : *1814*.

Le 24 et le 25 mars, l'Empereur est à Doulevent. Puis il revient à St-Dizier. Le 26, il pousse jusqu'à Vitry. Il y est le 27 au soir et se renseigne. De retour à St-Dizier, il passe la nuit du 27 au 28 sur ses cartes. Le matin, son plan est fait. Il est plus près du Rhin que les alliés le sont de Paris. Il va se jeter en Lorraine, soulever les populations, rappeler les alliés chez eux. Devant ce projet, maréchaux et généraux éclatent en protestations. C'est exposer Paris aux plus terribles représailles.

Napoléon cède. On redescendra sur Paris par Bar-sur-Aube, Troyes et Fontainebleau, et le mouvement commence dans la journée du 28.

C'est pendant ce retour que les maréchaux se laissèrent aller aux plus sinistres résolutions et songèrent à *le faire disparaître*. C'était le mot. Il s'agissait de le frapper dans quelque endroit écarté, de creuser eux-mêmes un trou, et d'y jeter le corps sans qu'on en pût découvrir la trace.

Comme on craignait l'attachement de la garde, on s'ouvrit du projet à Lefebvre, qui répondit : « Un moment, Messieurs ! Je commande ici et je vous préviens que je le défends, ou je le venge. » Le lendemain, nouveau message porté par un général de brigade. « Ceci est trop fort, dit le maréchal ; je vais prévenir l'Empereur. Ainsi, renoncez ou je parle. »

L'envoyé demanda vingt-quatre heures pour répondre. On répondit en consentant à ce que le maréchal instruisît l'Empereur des projets formés contre lui. On l'y engageait même absolument, dans l'espoir d'intimider Napoléon. Celui-ci se borna à dire au maréchal : « Ils sont fous. »

Que l'Empereur dût finir de la main de ses généraux, on s'y attendait presque dans Paris, et cette solution paraissait la plus simple. Talleyrand écrivait, le 20 mars : « On parlait aujourd'hui d'une conspiration contre l'Empereur et *l'on nommait des généraux parmi les conjurés*. Tout cela vaguement. *Si l'Empereur était tué*, la régence satisferait tout le monde, parce qu'on nommerait un conseil qui plairait à toutes les opinions... » Et Fouché, qui se trouvait alors dans le Midi, osait dire à la princesse Élisa : « Madame, il n'y a qu'un moyen de nous sauver, *c'est de tuer l'Empereur sur-le-champ.* »

On ne porta pas la main sur l'Empereur, mais comme il tardait à descendre du trône, on le précipita.

Napoléon, arrivé tout seul à Fromenteau, le 30 mars au soir, y apprit du général Belliard la capitulation de Paris. Il en fut surpris, mais non abattu. « Les maréchaux auraient dû tenir jusqu'à mon arrivée. Ils devaient remuer Paris, mettre en action la garde nationale, et lui confier les hauteurs hérissées d'artillerie, pendant que les troupes de ligne combattaient dans la plaine. »

Sur l'observation que les hauteurs étaient mal fortifiées et qu'il ne s'y trouvait pas de pièces de gros calibre, il ajouta : « Allons, je vois que tout le monde a perdu la tête. Voilà ce que c'est que d'employer des hommes sans énergie et sans talent. Cependant Clarke se croit un grand ministre et Joseph un bon général. Mais l'un n'est qu'un traître et l'autre un imbécile. »

Le lendemain, les troupes arrivèrent de Champagne et prirent position entre Fontainebleau et Essonnes. Avec ces troupes et celles qu'amenèrent de Paris Marmont et Mortier, il avait 50.000 hommes, solidement établis dans la forêt et couvert par la Seine. Il avait été rejoint par la plupart de ses compagnons d'armes : Ney, Berthier, Oudinot, Moncey, Macdonald et Caulaincourt. Il pouvait lutter encore, attaquer Paris, où l'ennemi s'était dispersé. Les soldats l'auraient suivi, mais les chefs ne voulaient pas courir cette dernière aventure.

En effet, généraux et maréchaux étaient entourés de toutes sortes d'intrigues ourdies à Paris. On les pressait d'abandonner Napoléon, de contribuer à la paix, d'assurer le repos à la France, etc.

Devant ces incertitudes, Napoléon essaya d'abord de négocier. Il envoya Caulaincourt à Paris auprès d'Alexandre. Caulaincourt revint, dans la nuit du 2 au 3 avril, en lui demandant son abdication. Il voulut alors résister. Mais on apprit que, dans la journée du 3, le Sénat venait de voter la déchéance, et les maréchaux réclamèrent l'abdication.

C'est le 4, dans le vieux palais de nos rois, qu'eut lieu cette scène fameuse qui rappelle les heures tragiques du bas Empire, où des prétoriens rebelles envahissaient la demeure des Césars pour disposer de la pourpre impériale. Thiers l'a décrite avec la vivacité qu'aurait pu y apporter un témoin véritable. Un livre plus récent n'en a pas fait oublier l'intérêt et la couleur (1).

Ney, Oudinot, Lefebvre, Macdonald font irruption dans le cabinet de l'Empereur, lui annoncent le décret de déchéance et parlent d'abdication. Sans être intimidé, Napoléon expose ses ressources et ses projets. Il est accueilli par un morne silence. Il reprend la parole, il s'écrie qu'en dépit d'eux il marchera sur Paris. Ney lui déclare que l'armée ne le suivra pas. — L'armée m'obéira, dit Napoléon, en élevant la voix. — Sire, répond le maréchal sur le même ton, l'armée obéit à ses généraux.

Napoléon se résigna. Il abdiqua en faveur de son fils, et chargea Caulaincourt, Ney et Macdonald d'aller

(1) Henry Houssaye, *1814*, livre VIII, ch. 3.

plaider auprès d'Alexandre la cause du roi de Rome. Il songea à leur adjoindre Marmont. Mais il pensa qu'il valait mieux laisser Marmont à Essonnes, avec ses troupes.

C'était le moment où Marmont l'abandonnait.

Le rôle brillant que Marmont avait joué dans la défense de Paris et la position offensive qu'il occupait à Essonnes, avec le 6e corps, le désignaient tout particulièrement aux sollicitations des alliés. Schwartzenberg, dont le quartier-général était à Petit-Bourg, à deux lieues d'Essonnes, lui avait écrit, le 3, pour l'engager à poser les armes. Pas un mot des Bourbons ni du régime politique qui pouvait succéder à l'Empire. Il ne s'agissait que de la paix, de l'humanité, « de la bonne cause française ».

Il consulta individuellement les généraux placés sous ses ordres : Souham, le plus ancien divisionnaire, que l'Empereur venait de lui adjoindre ; Bordesoulle et Compans, qui s'étaient distingués dans la défense de Paris ; Digeon, commandant de l'artillerie ; Ledru Desessarts, et le général de brigade Meynadier, chef d'état-major ; et dans la nuit du 3 au 4, il signa une convention particulière qui lui permettait de se retirer en Normandie avec ses troupes, « pour prévenir toute guerre civile et arrêter l'effusion du sang français ». Il stipulait, en outre, « que si, par suite de ce mouvement, Napoléon tombait entre les mains des alliés, la vie et la liberté lui seraient garanties dans un espace de terrain et dans un pays circonscrit, aux choix des puissances alliés et du gouvernement français ».

Cet acte constituait une véritable trahison dont Marmont doit porter tout le poids, car il n'était qu'un soldat dans le rang, et il n'avait pas le droit, fût-ce avec les meilleures intentions, de traiter seul avec l'ennemi. La clause relative à la sûreté de Napoléon suffisait à mesurer la gravité d'un pareil pacte, puisque Marmont reconnaissait que son abandon découvrait l'Empereur et risquait de le livrer à ses ennemis. Le mouvement du 6ᵉ corps ne fut pas ordonné par lui ; mais il n'était que la conséquence de la convention du 4, et c'est Marmont qui en est responsable.

Marmont était donc coupable, et d'autant plus qu'il devait tout à la faveur de Napoléon plutôt qu'à sa valeur personnelle (1). Il ne faut pourtant pas s'abu-

(1) En apprenant la défection du 6ᵉ corps, Napoléon dit à Belliard : « Qui aurait pu croire un pareil trait de Marmont ; lui que j'ai tiré de l'obscurité, avec qui j'ai partagé mon pain, dont j'ai fait la fortune et la réputation ? »
Marmont (né en Bourgogne en 1774, mort à Venise en 1852) avait connu Bonaparte, lieutenant d'artillerie, en garnison à Auxonne. Sorti lui-même de l'école d'artillerie de Châlons, il le retrouva au siège de Toulon. Bonaparte se l'attacha alors, et l'emmena comme aide-de-camp en Italie et en Égypte. En retour, Marmont contribua au coup d'État de brumaire.
Conseiller d'État sous le Consulat, et général de division à Marengo, il fut nommé inspecteur général de l'artillerie en 1804. La suite de sa vie est assez connue.
Dès 1815, il avait entrepris de se justifier. Une brochure

ser sur les attaques dont il a été l'objet. On a été heureux de rejeter sur quelqu'un la défection dont tout le monde se sentait capable alors. Marmont a été chargé de tous les péchés d'Israël. Mais que dire de ceux de ses collègues qui, le 4, à Fontainebleau, forçaient Napoléon d'abdiquer? qui, le 6, renouvelaient leurs exigences, et s'empressaient aussitôt d'adhérer aux Bourbons?

Tel était le parti que venait de prendre Marmont lorsque les maréchaux envoyés à Paris passèrent par Essonnes. En apprenant d'eux l'abdication de Napoléon, il tomba dans une profonde perplexité. Il décida alors de les accompagner, et laissa le commandement au général Souham, avec l'ordre formel de ne faire aucun mouvement avant son retour.

Les maréchaux arrivèrent à Paris dans la nuit du 4 au 5. Là, Marmont se sépara d'eux, pour essayer, leur dit-il, de revenir sur ses engagements avec Schwartzenberg. Caulaincourt, Ney et Macdonald eurent une entrevue avec Alexandre qui parut favo-

---

qu'il publia sur l'affaire d'Essonnes passa inaperçue au milieu des Cents Jours. Il y revint dans ses *Mémoires* parus après sa mort, en 1856. Mais ces *Mémoires*, bien que d'une lecture attrayante, ne sont qu'une audacieuse apologie de lui-même et de ses talents.

Le publiciste Rapetti en écrivit une *Réfutation* en 1857; il y ajouta, en 1858, une *Étude sur la défection du 6ᵉ corps*.

Je renvoie, sur les *Mémoires* de Marmont et sur le personnage, à trois judicieux articles de Sainte-Beuve, *Causeries du lundi*, t. VI.

rable à l'établissement d'une régence. Les maréchaux croyaient avoir cause gagnée, quand un aide de camp d'Alexandre apporta une nouvelle qui renversa toute espérance. Le 6ᵉ corps venait d'entrer dans les lignes ennemies.

Que s'était-il passé à Essonnes ?

Dans la soirée du 4, Napoléon y avait dépêché le colonel Gourgaud. Celui-ci, étonné de ne pas trouver Marmont, s'adressa à Souham. Presque aussitôt après arriva un ordre écrit qui mandait auprès de l'Empereur, à défaut du commandant du 6ᵉ corps, le général chargé de le remplacer. Cet ordre n'avait rien de personnel, car il était adressé à tous les chefs des corps groupés autour de Fontainebleau. Mais Souham, qui l'ignorait, en conçut une peur extravagante. Il s'imagina que Napoléon savait tout, non seulement la convention signée par Marmont, mais encore l'adhésion qu'elle avait obtenue des généraux divisionnaires, et que Napoléon l'appelait à Fontainebleau pour le faire arrêter et peut-être fusiller.

Souham n'aimait pas Napoléon. Soldat sous Louis XVI, volontaire sous la Révolution, il s'était fait connaître au siège de Dunkerque, en 1793, et dans les premières campagnes de la République.

Général à l'armée du Nord et du Rhin, il avait servi sous Moreau. Impliqué dans le procès du général, avec Lecourbe, Macdonald et d'autres, il avait été enfermé plusieurs mois au Temple, et réintégré. Mais il était de ceux qui restèrent longtemps suspects. En vain, il s'était brillamment conduit en Espagne et surtout en Allemagne, à Lutzen et à Leipzig ; il n'avait pu rentrer en grâce, comme Macdonald, et il taisait mal ses regrets de n'être encore qu'un des plus vieux divisionnaires de l'armée (1).

Il réunit aussitôt ses collègues, leur fit part de ses craintes, et, malgré les objections du brave Compans, malgré l'ordre laissé par Marmont, il les entraîna à ne pas attendre le retour du général en chef pour exécuter la convention. Il était tellement persuadé qu'on l'appelait pour s'emparer de sa personne qu'il avait posté de la cavalerie sur la route de Fontainebleau, avec l'ordre d'arrêter tout officier d'état-major qui paraîtrait, dans le cas où Napoléon renouvellerait ses messages.

Le départ décidé et les précautions prises, les troupes se mettent en mouvement, vers minuit. Le colonel Fabvier, cet héroïque soldat qu'on a vu partout où le droit et la justice avaient besoin d'une épée (2), Fabvier, alors aide de camp de Marmont, était aux avant-postes. Il essaie, vainement, de retenir Souham. Sou-

---

(1) *Souham* (1760-1837) était né à Lubersac, dans la Corrèze. Maintenu par les Bourbons, il ne prit sa retraite qu'en 1832.
(2) Voir, sur le colonel *Fabvier*, l'intéressante notice de M. Debidour, Nancy.

ham ne voulait rien entendre. Il se bornait à répéter : « Marmont a la taille haute, il s'en tirera. Mais, moi, je ne veux pas me faire raccourcir. »

Les troupes marchaient sans défiance. Elles croyaient qu'elles allaient occuper de nouvelles positions. Les officiers faisaient garder le silence. Elles s'étonnèrent, cependant, auprès de Juvisy, du bruit d'armes et de chevaux qu'elles entendaient sur leurs flancs. La nuit s'achève, le jour paraît : elles se trouvaient au milieu des alliés, Autrichiens et Russes. Pour comble de surprise, les ennemis rendaient les honneurs militaires et les trompettes sonnaient.

C'était le 30ᵉ régiment de dragons, avec le colonel Ordener, qui ouvrait la marche, en tête de la division Bordesoulle. Ces dragons venaient de se signaler par leur acharnement, pendant la bataille de Paris, au pied de Montmartre. En vain on leur annonçait, à six heures du soir, qu'une capitulation était signée. Ils agitaient leurs sabres, rougis du sang des Russes, et ils criaient « qu'ils voulaient se battre encore » !

Il y eut chez ces braves un moment de stupeur et d'arrêt. Un général commanda de rendre le salut et d'avancer. « Si mes dragons tirent le sabre, s'écrie Ordener, ce sera pour charger. » Alors des murmures, des huées, des cris de trahison partent des rangs. Mais les troupes étaient en colonnes, flanquées d'ennemis ; elles ne pouvaient se concerter pour la résistance. On leur fit quitter la route de Paris et prendre celle de Versailles.

A Versailles, sur la place d'Armes, la colère s'exaspéra et se tourna en révolte. Des officiers arrachaient leurs épaulettes, les soldats brisaient leurs armes. Souham, Bordesoulle, d'autres généraux intervinrent. Ils furent accueillis d'abord par des clameurs, puis par des coups de fusil. On déféra le commandement à Ordener, qui parla de reprendre la lutte et de marcher sur Paris. Il fallut que Marmont accourût lui-même pour les calmer, en les trompant. Il les dirigea sur Rambouillet. Puis il revint à Paris, où il triompha.

« Le triomphe fut d'un jour. L'expiation dura plus de trente années. Comme Marmont lui-même le dit à une heure de douloureux emportement, il garda « du 1814 sur son uniforme ». Dans le peuple, dans l'armée, à la Cour, aucune injure, aucun outrage ne fut épargné au duc de Raguse. Sous la première Restauration, on disait *ragusade* pour trahison et l'on appelait la compagnie de gardes du corps que commandait Marmont, *la compagnie de Judas*. En 1815, Napoléon flétrit comme traître son ancien compagnon d'armes et le radia de la liste des maréchaux. En 1830, le duc d'Angoulême dit du commandant malheureux de l'armée de Paris : « Il nous a trahis comme il a trahi l'autre ! » La clameur de la couscience publique poursuivit Marmont jusque dans l'exil. A Venise, quand le vieux maréchal, songeant à la France où il aurait voulu aller mourir, passait tristement sur la *riva dei Schiavoni*, les enfants du peuple le montraient au doigt et criaient : « Voici celui qui a trahi Napoléon (1) ! »

Sans vouloir imiter Marmont, dont ils ne parlaient qu'avec indignation, les maréchaux étaient fâchés de s'être laissés devancer par lui sur la route de la fortune. Ney surtout, comblé de caresses par le gouvernement provisoire, avait promis d'agir sur l'Empereur et d'en délivrer la France. Il revint à Fontainebleau avant ses collègues, vit Napoléon, lui parla des événements d'Essonnes et de Paris, et se flatta plus tard de lui avoir imposé son abdication. Triste rôle pour un homme qui avait tout obtenu de Napoléon ; qui, non satisfait de son immense dotation, lui demandait 300.000 francs la veille de la campagne de 1813, et qui, à Fontainebleau, lui arrachait encore 40.000 francs, avant de passer aux Bourbons. Le maréchal, qui avait été clerc de notaire, croyait sans doute qu'il devait faire payer tous ses actes.

Après la défection de Marmont, et malgré les conseils de Ney, Napoléon songeait à résister encore. Il parlait à Caulaincourt de se retirer sur la Loire, et il

(1) Henry Houssaye, *1814*.

énumérait ses dernières ressources. Aux troupes qui lui restaient, il pouvait joindre 40.000 hommes que Soult ramenait des Pyrénées à Toulouse, 15.000 que Suchet ramenait de Catalogne, 20.000 que Grenier ramenait d'Italie, 15.000 que la perte de Lyon rejetait avec Augereau sur les Cévennes. Enfin les garnisons des places frontières et l'armée du général Maison dans le Nord pouvaient être des points d'appui redoutables.

Mais les maréchaux pensaient comme Ney. Napoléon les réunit dans la matinée du 6, et fit un suprême appel à leur énergie. Ce fut en vain. La scène du 4 se renouvela. Ney, Oudinot, Lefebvre, Macdonald exposèrent froidement à l'Empereur que tout était fini, que prolonger la résistance serait allumer la guerre civile et qu'il ne restait plus qu'un parti, l'abdication sans conditions.

« Vous voulez du repos ? leur dit Napoléon. Eh bien, ayez-en donc ! » Et il écrivit l'acte d'abdication qu'il avait préparé. « Les puissances alliées ayant proclamé que l'Empereur Napoléon était le seul obstacle au rétablissement de la paix en Europe, l'Empereur Napoléon, fidèle à ses serments, déclare qu'il renonce pour lui et ses héritiers aux trônes de France et d'Italie, parce qu'il n'est aucun sacrifice personnel, même celui de la vie, qu'il ne soit prêt à faire à l'intérêt de la France. »

Le même jour, à Paris, le Sénat proclamait Louis XVIII. Dès qu'on apprit la nouvelle, la désertion commença, et le palais de Fontainebleau se vida rapidement. Le *Moniteur* ne suffit plus à enregistrer les adhésions de Ney, de Jourdan, d'Augereau, de Lefebvre, d'Oudinot, de Berthier ; celles des généraux Nansouty, Milhaud, Latour-Maubourg, Belliard ; celles de Hullin, de Ségur et de tant d'autres.

Voilà le terme où aboutissaient quatorze ans de guerres incessantes. Ce que n'avaient pu faire les complots de 1802, les intrigues de 1809, les défections de 1813, les maréchaux l'accomplirent à Fontainebleau. C'était un juste châtiment de ce régime si déplorablement guerrier que de finir, par une espèce de complot militaire, sous les coups de ceux-là mêmes qui avaient travaillé à sa puissance et qu'avait élevés sa fortune.

Sur cette débandade de ses généraux, de ses ministres, de tous ceux qui avaient appartenu à l'Empire, Napoléon s'expliqua le 11 avril, devant Caulaincourt, dans une conversation magnifique de sérénité et de hauteur, qui restera le langage de la postérité.

16

CONCLUSION

Comme on vient de le voir, bien que l'Empire, sorti de l'armée, ait été un régime essentiellement militaire, il n'a pas eu, autant qu'on l'a cru, la fidélité et l'attachement de l'armée. J'entends surtout de ceux qui la conduisaient.

Le mécontentement de l'armée causé, sous le Consulat, par l'ambition de Bonaparte; sous l'Empire, par une politique indéfiniment belliqueuse, avait apparu, dès 1805, dans la campagne d'Austerlitz. Il avait suscité, au milieu des difficultés de la campagne d'Espagne, un complot dont Argenton seul fut victime. Il s'était accru, en 1809, au point de servir, sur le Danube et sur l'Escaut, des projets ambitieux conduits par Fouché et Bernadotte. Malet avait cru pouvoir en profiter pour tenter son coup de main de 1812. Il avait redoublé en 1813 pour éclater dans les retentissantes défections de la campagne d'Allemagne. Enfin, en 1814, après avoir poussé Murat à la trahison, il avait gagné l'entourage même de l'Empereur, et contribué à la première abdication et à la chute de l'Empire.

Inévitable condition d'un régime fondé uniquement sur la force.

C'est ce que le roi Jérôme traduisait librement, dans son langage de vieux condottiere, lorsqu'il disait, un jour, à celui de ses neveux qui fut Napoléon III, et qui en fit lui-même l'expérience : « *On peut tout faire avec des baïonnettes, excepté s'asseoir dessus.* »

C'est la moralité de ce livre.

FIN

TABLE DES MATIÈRES

	Pages.
Préface	1
Chapitre i. — Paris en 1802	4
Chapitre ii. — Rennes en 1802	26
Chapitre iii — 1809. Soult en Portugal	48
Chapitre iv. — 1809. Le complot d'Oporto	74
Chapitre v. — 1809. Le capitaine Argenton	91
Chapitre vi. — Le procès Argenton	121
Chapitre vii. — Le complot Fouché-Bernadotte (1809)	145
Chapitre viii. — La conspiration Malet et la vérité sur les *Philadelphes* (1812)	169
Chapitre ix. — Les complots de Tours et de Toulon (1813)	199
Chapitre x. — Les trahisons de 1813	223
Chapitre xi. — Murat. — Les maréchaux (1814)	249
Conclusion	278

A LA MÊME LIBRAIRIE :

Mémoires du général baron de Marbot.
   Tome I. *Gênes, Austerlitz, Eylau.* 34ᵉ édition. Un vol. in-8° avec portrait. . . . . 7 fr. 50
   Tome II. *Madrid, Essling, Torrès-Vedras.* 33ᵉ édition. Un vol. in-8° avec portrait. . . . . 7 fr. 50
   Tome III. *Polotsk, la Bérésina, Leipzig, Waterloo.* 33ᵉ édition. Un vol. in-8°, avec héliogravure et fac-similé. . . . 7 fr. 50

Un Agent secret sous la Révolution et l'Empire. — **Le Comte d'Antraigues,** par Léonce PINGAUD. Un vol. in-8° accompagné de trois portraits en héliogravure . . . . 7 fr. 50

Histoire de mon temps. **Mémoires du chancelier Pasquier,** publiés par M. le duc D'AUDIFFRET-PASQUIER, de l'Académie française. — PREMIÈRE PARTIE : Révolution — Consulat — Empire.
   Tome Iᵉʳ : 1789-1811. 4ᵉ édition. Un vol. in-8° avec portraits en héliogravure . . . . 8 fr.
   Tome II : 1812-1814. 3ᵉ édition. Un vol. in-8° . . . . . 8 fr.
   Tome III : 1814-1815. 2ᵉ édition. Un vol. in-8° . . . . . 8 fr.

Les Armées françaises jugées par les habitants de l'Autriche (1797-1800-1809), d'après des rapports de l'époque, par Raoul CHÉLARD. Un vol. in-18 . . . . 3 fr. 50

Souvenirs sur la Révolution, l'Empire et la Restauration, par le général comte DE ROCHECHOUART, aide de camp du duc de Richelieu, aide de camp de l'empereur Alexandre Iᵉʳ, commandant la place de Paris sous Louis XVIII. Mémoires inédits publiés par son fils. Ouvrage orné de deux portraits. 2ᵉ édition. Un vol in-8° . . . . 7 fr. 50

Correspondance militaire de Napoléon Iᵉʳ, extraite de la Correspondance générale et publiée par ordre du ministre de la guerre. Dix vol. in-18. Prix de chaque vol. . . . 3 fr. 50

Causeries militaires, par le général THOUMAS.
   Deuxième série. Un vol. in-18. . . . . 3 fr. 50
   Troisième série. Un vol. in-18. . . . . 3 fr. 50
   Quatrième série. Un vol. in-18. . . . . 3 fr. 50

Napoléon et Alexandre Iᵉʳ. L'alliance russe sous le premier Empire, par Albert VANDAL.
   Tome I. *De Tilsit à Erfurt.* 3ᵉ édit. In-8°, avec portraits. 8 fr.
   Tome II. 1809. *Le Second Mariage de Napoléon — Déclin de l'alliance.* 3ᵉ édition. Un vol. in-8°. . . . . 8 fr.
   (*Couronné par l'Académie française,* **grand prix Gobert.**)

PARIS. TYP. DE E. PLON, NOURRIT ET Cⁱᵉ, RUE GARANCIÈRE, 8 — 11244

www.ingramcontent.com/pod-product-compliance
Lightning Source LLC
Chambersburg PA
CBHW050643170426
43200CB00008B/1129